Manfred Karge • Eigentlich immer Glück gehabt

Manfred Karge

Eigentlich immer Glück gehabt

Begegnungen und Begebenheiten

neues leben

Mitarbeit Louise Frost

Inhalt

Ella Gericke oder
Die unbefleckte Empfängnis

Meine Mutter, Anna Karge, eine geborene Schlosser aus Frankfurt (Oder), starb am 8. März 1938, sieben Tage nach meiner Geburt, am Kindbettfieber. Mein Vater, Max Karge, Sohn der Hutmacherstadt Guben und selbst Hutmacher, stand nun ohne Frau, aber mit einem Kind da.

Er war im Frühjahr 1938 von Guben nach Brandenburg gezogen, wo die Hutfabrik Silbermann & Co., deren jüdischer Besitzer Deutschland fluchtartig verlassen hatte, sich unter neuem Besitzer neu aufstellte. Dem Neuankömmling hatte man nicht nur eine gute Stellung als Werkmeister, sondern auch eine Werkswohnung angeboten, sodass seine hochschwangere Frau ihm bald folgte. Ein Arbeitskollege meines Vaters, ein gewisser Dräger, der noch eine unrühmliche Rolle spielen sollte, kam ebenfalls mit seiner Familie aus Guben und zog in das gleiche Haus, das sich am Rande eines kleinen Parks mit der Fabrikantenvilla befand. Mein Vater behalf sich nach dem plötzlichen Tod meiner Mutter so gut es ging, um mit der Versorgung des Nachwuchses klarzukommen. Wer ihm da und wie geholfen hat, entzieht sich aus verständlichen Gründen meiner Kenntnis. Wahrscheinlich gingen ihm angereiste Familienmitglieder zur Hand. Vorsorglich hatte mein Vater sich, das wurde mir allerdings später oft breit und ausführlich berichtet, die Genehmigung des Fabrikbesitzers eingeholt, für gewisse Stunden, und wenn das Wetter es erlaubte, den Kinderwagen mit dem Säugling im Park der Villa abstellen zu dürfen.

Nun kam es, dass Ella Gericke, die Kantinenfrau der Fabrik, die auf dem Weg zur Arbeit immer an dem kleinen Park vorbeikam, sich über den hin und wieder abgestellten herrenlosen Kinderwagen wunderte. Schließlich erkundigte sie sich bei Kantinengästen und erfuhr von der prekären Situation des Werkmeisters Max Karge. Sie entschloss sich, ihn bei der nächsten Gelegenheit anzusprechen und bot sich an, wenn es ihm recht sei, bei der Versorgung des Knäbleins behilflich zu sein. Mein Vater zeigte sich erfreut über das Angebot, und über kurz oder lang kam es zu einem Verhältnis, recht bald auch zu einer Vermählung, und ich kam zu einer Mutter. Nun waren wir zu dritt.

Unsere neue Dreisamkeit war aber leider nicht von langer Dauer. Dieser Hitler plante seinen großen Krieg und machte aus dem Hutmacher Max Karge einen Soldaten. Doch er hatte Glück, er kam nicht an die Front, sondern wurde zu einer Wachmannschaft beordert, die in einem kleinen Schlösschen in der Mark irgendwelchen dort eingelagerten Nachschub zu sichern hatte. So konnten ihn meine Mutter und ich ab und an besuchen. Ich erinnere mich noch an den schönen Park, in dem es sogar ein kleines Gehege für Rehwild gab. Allerdings endete die Idylle für meinen Vater bald, und er musste irgendwo an der Front aushelfen.

An der Heimatfront wurde es auch immer ungemütlicher. Nacht für Nacht gab es Fliegeralarm. Meine Mutter hatte alle lebenswichtigen Dokumente in einem Koffer verstaut, der immer griffbereit im Korridor bereitstand. Ich schlief meist so gut und fest, dass mich die Sirenen, die die feindlichen Bombenflugzeuge ankündigten, nicht aufwecken konnten. Nicht so meine Mutter. Wenn sie mich weckte, war sie bereits fertig angekleidet, half mir beim Ankleiden, steckte mir noch etwas Essbares zu, nahm den bereitstehenden Koffer in die eine, mich an die andere Hand, und zielsicher steuerten wir den Luftschutzkeller an, der sich in der Hutfabrik befand. Dieses Geschehen entwickelte sich zu einem Ritual.

Dann kamen die Bomber auch am Tage. Sie flogen aber auf ihrem Weg nach Berlin meist über Brandenburg hinweg. Wir gingen auch nicht mehr in den Keller. Meine Mutter blieb im Haus oder ging zur Arbeit, während ich mich meist zu einer kleinen Waldlichtung aufmachte. Dort lag ich bei schönem

Wetter im Gras und schaute zum Himmel, wo ich die Flugzeuge, die meist in Staffeln kamen, wie kleine schwarze Käfer am blauen Himmel gen Berlin fliegen sah. So wurde der Krieg langsam zu etwas Gewöhnlichem, das einfach zum Leben dazugehörte.

Meine Mutter erzählte mir dann oft von der schönen Friedenszeit. Im Mittelpunkt ihrer Erzählungen stand immer eine Reise, die sie mit der nationalsozialistischen Organisation »Kraft durch Freude« gemacht hatte. Also, mit der KdF reiste meine Mutter für wenig Geld per Schiff nach Norwegen. Von dieser Reise, ihrer einzigen ins Ausland, schwärmte sie in den höchsten Tönen. Ein Satz ist mir noch heute in Erinnerung: Die Butter konntest du mit dem Löffel essen.

Es kam der Mai 1945. Die letzten Tage des Krieges verbrachten wir im Keller der Hutfabrik und kehrten dann in unsere kleine Wohnung zurück.

In unserem Hof befanden sich zwei Garagen, und in eine zog ein russischer Koch mit einer Gulasch-Kanone ein. Er versorgte nicht nur die in der Fabrikantenvilla einquartierte Kommandantur, sondern auch uns mit gutem Essen. Allerdings, eine kleine Unannehmlichkeit, hatte er aus unserer Wohnung doch – den Stolz meiner Mutter – zwei Teppiche requiriert, mit denen er sich in der Garage gemütlich einrichtete. Aber durch die Kommandantur waren die Frauen der Umgebung vor nächtlichem Besuch der Frontsoldaten sicher. Als die Kommandantur und somit auch der Koch weiterzog, rettete meine Mutter geistesgegenwärtig und mutig die Teppiche.

Bald kehrte auch mein Vater aus dem Krieg zurück, er hatte sich irgendwie durchgeschlagen. Aber wieder war unsere traute Dreisamkeit von kurzer Dauer.

Eines Nachts, es muss so Mitte Juni gewesen sein, erschienen zwei Uniformierte in unserer Wohnung und nahmen meinem Vater mit. Er sollte nie wiederkehren.

Unser Nachbar, besagter Dräger, hatte, wie wir nach einiger Zeit erfuhren, aus einem Grund, den ich nie in Erfahrung bringen konnte, meinen Vater, seinen Gubener Hutmacher-Kollegen, bei der Besatzungsmacht denunziert. Dieser Mann, den wohl doch so etwas wie ein schlechtes Gewissen bedrückte, erschien eines Tages angetrunken bei meiner Mutter. Er gestand, dass er meinem Vater wegen eines früheren Vorfalls gram war und ihn bei den Russen angezeigt hatte, um ihm, wie er sagte, einen Denkzettel zu verpassen. Meine Mutter konnte sich nicht vorstellen, was man meinem Vater nachsagen konnte. Auch der Herr Dräger sagte nicht, wie er seine Tat begründete. Es war auch schlicht egal, denn bei solchen Anzeigen, das war bekannt, wurde in den Wirren der unmittelbaren Nachkriegszeit nicht lange gefackelt, auch die fadenscheinigste Andeutung einer angeblichen Untat reichte aus, also erst einmal hinein in ein Lager. Meine Mutter warf den Kerl aus der

Wohnung. Da sie von dem Vorfall einigen Bekannten erzählte, was der Dräger erfuhr, hatte der nun auch noch die Stirn, meine Mutter vor ein sogenanntes Schiedsgericht zu bringen und sie wegen übler Nachrede anzuzeigen. Da sie keinen Zeugen vorbringen konnte – ich war bei seinem Geständnis zwar zugegen, wurde aber als Zeuge wegen meines kindlichen Alters nicht anerkannt –, wurde sie dazu verurteilt, in der Zeitung eine Annonce aufzugeben, in der sie sich für die »üble Nachrede den Herrn Dräger betreffend« entschuldigte und diese widerrief. Es dauerte dann nicht mehr lange, und die Familie Dräger setzte sich nach dem Westen ab.

Die Hutfabrik wurde geschlossen, und meine Mutter musste das karge Brot für uns auf andere Weise verdienen. Sie arbeitete zuerst als Verkäuferin in einem Tabakladen, aber da der Lohn zu gering war, um uns durchzubringen, ging sie in eine Kammgarnspinnerei als einfache Arbeiterin. So lebten wir zwar immer noch am unteren Rand der Gesellschaft, aber ich hatte dennoch eine schöne Jugendzeit dank meiner Mutter Ella. Sie bestand darauf, dass ich auf die Oberschule ging und das Abitur machte. Ihre sehr dominante Schwester, meine Tante Friedel, hielt ihr immer vor, dass ich doch besser Geld verdienen solle. Nein, entgegnete sie dann, der Junge soll es einmal besser haben.

Eines Tages, es muss so um 1948 gewesen sein, ich ging also wohl in vierte Klasse, klopfte ein Fremder an unsere Tür. Er sprach sehr leise, drehte sich auch ständig um, als vermute er jemanden hinter sich. Er flüsterte meiner Mutter zu, er sei mit meinem Vater im Lager Ketschendorf gewesen, das er selber durch einen glücklichen Umstand unbeschadet verlassen konnte. Er müsse aber meiner Mutter die traurige Nachricht überbringen, dass ihr Mann kurz vor Weihnachten 1945 dort gestorben sei. Sie dürfe aber mit niemandem darüber sprechen, sagte er noch, auch schon gar nicht darüber, dass er hier bei ihr gewesen wäre. Er habe sich bei seiner Entlassung verpflichtet, kein Wort über das Lager und die Umstände dort zu sprechen. Darauf verschwand er, wie er gekommen war.

Nun hatten wir zwar diese Nachricht, aber meine Mutter hoffte insgeheim immer noch, dass mein Vater eines Tages doch zurückkehren würde. Andererseits war da die Möglichkeit, für mich eine Waisenrente zu bekommen. Denn eine Rente, da hatte sie sich erkundigt, würde immerhin dreißig Mark in die schmale Haushaltskasse bringen.

Sie ging also aufs Amt und stellte einen Antrag. Die zuständige Stelle sah sich allerdings außerstande, diese Angelegenheit ohne einen Totenschein zu regeln. Woher aber sollte sie einen solchen Schein bekommen? Sollte sie sagen, die Russen hätten ihn umgebracht? Ein Fremder hätte ihr die Nachricht überbracht? Nein, ohne nachgewiesenen Tod kein Totenschein.

Die DDR wurde gegründet, und meine Mutter unternahm einen neuen Versuch, an die Waisenrente für mich zu kommen. Sie hatte erfahren, dass der RIAS – der Rundfunk im amerikanischen Sektor von West-Berlin – regelmäßig nächtliche Sendungen brachte, in denen mit Hilfe von Heimkehrern oder ehemaligen Lagerinsassen Schicksale aufgeklärt wurden. Die Fälle wurden in alphabetischer Reihenfolge durchgegeben, meine Mutter musste also nur abwarten, bis der Buchstabe »K« an der Reihe war.

Auf diesem Wege erfuhren wir dann eines Nachts: Max Karge ist im Sonderlager des NKWD in Ketschendorf verstorben.

Nun war es also Gewissheit, aber wie stand es fortan mit der Waisenrente? Meine Mutter konnte ja unmöglich aufs Amt gehen und mit Hinweis auf die Radiomeldung des Klassenfeinds in West-Berlin den Antrag stellen.

Guter Rat war teuer. Meine Mutter entschloss sich zu einem höchst riskanten Schritt. Im RIAS hatte man auch darauf hingewiesen, dass ein »Untersuchungsausschuss freiheitlicher Juristen« in West-Berlin weitere Auskünfte erteilen würde. Der UFJ war eine von der CIA finanzierte und gesteuerte Organisation, die rechtsstaatswidrige Verhältnisse in der DDR aufdecken sollte. Es mit solchen Leuten zu tun zu haben, war ein gefährliches Unterfangen. Aber meine Mutter machte sich auf den Weg. Sie fuhr über die damals noch offene Grenze nach

Nikolassee, wo man ihr tatsächlich einen Totenschein für Max Karge ausstellte. Es darf wahrhaftig ein großes Glück genannt werden, dass sich die Beamten des sozialistischen Staates den Stempel unter dem Dokument, das meine Mutter ihnen vorlegte, nicht genauer anschauten. Ein mutiges, aus der Not geborenes Unterfangen für ganze dreißig Mark, die aber für uns sehr viel bedeuteten.

Ein namenloser Lebensretter

Im Osten der Stadt Brandenburg erstreckt sich die Krakauer Vorstadt bis zum Ortsausgang. Sie war geprägt von Landwirtschaft, einem kleinen Bahnhof, der die Strecke nach Nauen bediente, und zwei Betrieben, der bereits erwähnten Hutfabrik sowie einem Werk, das aus Kartoffeln Stärke herstellte. In diesem Zirkel spielten sich meine ersten Lebensjahre ab. Das Gelände der Stärkefabrik interessierte uns Kinder am meisten, es war zugänglich und einer unserer beliebtesten Spielplätze.

Auf dem Gelände befanden sich einige größere Betonbecken, die zur Aufnahme der Schlempe dienten. Schlempe ist ein Abfallprodukt bei der Verarbeitung von Kartoffeln zu Stärke und wird als Schweinefutter genutzt. Diese Schlempe war bedeckt von einer weißlichen Schaumschicht. Meine Kameraden redeten mir eines Tages ein, das sei Schnee, auf dem man schliddern könne. Ich muss, als sich dieser Vorfall ereignete, etwa fünf Jahre alt gewesen sein. Ein älteres Kind hätte sich das wohl erst einmal vorführen lassen, ich aber war leichtgläubig genug, um auf den

Vorschlag hereinzufallen. Als ich in der Schlempe landete und langsam unterzugehen drohte, machten meine Spielkameraden das, was Kinder oft in so einem Fall tun, sie rannten einfach davon.

Eine seltsame Erscheinung beschäftigte die Anwohner der Krakauer Vorstadt seit einiger Zeit, das war ein französischer Zwangsarbeiter.

Die Lebens- und Arbeitsbedingungen der zwangsweise in Deutschland arbeitenden Menschen waren unterschiedlich. Aber in der Regel durften sie ihre Lager nur zur Arbeit und unter ständiger Beaufsichtigung verlassen. Für unseren Franzosen schien das nicht zuzutreffen. Er konnte sich frei bewegen. Jeden Morgen erschien er zur Arbeit in der Stärkefabrik, die er am Abend wieder verließ. Er kam aus der Stadt, woher wusste man nicht, und nach getaner Arbeit spazierte er wieder dahin zurück. Aber nicht nur das war außergewöhnlich, auch seine Aufmachung war erstaunlich. Er ging mit einem orientalisch anmutenden Bündel, einem Knotenstock, gelben holländischen Holzschuhen und trug, zur Krönung des Ganzen, eine knallrote Jakobiner-Mütze auf dem kahlgeschorenen Schädel. Eine stolze Erscheinung. Man kann sich vorstellen, dass diese Aufmachung die Anwohner der Krakauer Vorstadt immer wieder in Staunen versetzte.

Aber kommen wir zum Schlempe-Becken und meiner durchaus lebensbedrohlichen Lage zurück. Ich versank tiefer und tiefer in dem morastigen

Schlamm. Ich rief wohl um Hilfe, aber niemand schien mich zu hören.

Vom obersten Stock des Fabrikgebäudes ragte eine lange hölzerne Rutsche hinab, auf der die Säcke mit der Stärke auf die Ladeflächen der Transporter rutschen konnten. Wie oft hatten wir uns ausgemalt, einmal von dieser Rutsche heruntergleiten zu dürfen. Und da, wie ein Wunder, tauchte die knallrote Mütze des von uns sonst belächelten Mannes am oberen Rand der Rutsche auf. Er zögerte nicht und schwang sich die Rutsche herab. Mittels eines Bretts, das ihm auf der schlammigen Masse Halt gab, konnte er mich packen und zog mich aus der stinkenden Pampe.

Meine Mutter schlug die Hände über dem Kopf zusammen, als mich der Lebensretter zu Hause ablieferte. Auf dem Hof gab es einen Wasserhahn und einen Schlauch, und meine Mutter spritzte mich so lange ab, bis ich von der Schlempe einigermaßen befreit war. Dann zog sie mir mit spitzen Fingern die Sachen vom Leibe, und so stand ich zwar nackt, aber lebendig da.

Meine Mutter hätte dem unbekannten Zwangsarbeiter gern irgendeine Gefälligkeit erwiesen, aber sie wusste nicht, was sie da tun konnte. Am nächsten Tag drückte sie mir drei Reichsmark in die Hand, die sollte ich dem Lebensretter mit Dank übergeben. Ich weiß nicht, warum ich damit ein Problem hatte. War es die Fremdheit, obwohl er mir ja durch seine Rettungstat sehr nah gekommen war? Oder wusste ich nicht, was ich sagen sollte? Verstand er mich überhaupt? Ich weiß es nicht. Ich stand vor der stolzen, majestätischen Erscheinung und lächelte ihn an.

Drei Mark, sonst ein Schatz, erschienen mir plötzlich profan als Dank für seine Tat, und das Geld blieb in der heißen Hand. Meiner Mutter gegenüber verschwieg ich allerdings mein Versagen. Aber da waren ja noch die drei Mark. Ich musste sie also notgedrungen in die eigene Tasche stecken.

Der russische Soldat

Zurück zum Mai von 1945. Wir erwarteten den Russen im Keller der Hutfabrik. Ab und an wagte ich mich ins Freie, und da begegnete ich dem Feind. Er kam von dort, wo die Landstraße durch Wiesen und Sträucher und Sand ging. Dort hatte ich mit meinen Freunden vor einiger Zeit noch Fuchsjagd gespielt. Ein Strom von Panjewagen, kleinen Wägelchen, die von ebenso kleinen, aber breitbrüstigen Pferden gezogen wurden, ergoss sich über die Landstraße. Am Ende des Zugs der Pferdchen und Wagen wurde eine große Hammelherde, als eine sich selbst befördernde Verpflegungsmasse, von den feindlichen Soldaten vorbeigetrieben. Einer von ihnen, fast ein Kind noch, kaute an einem braunen, viereckigen, dampfenden Etwas. Er scherte aus dem Zug aus und ging auf mich zu. Er brach ein Stück von der braunen, viereckigen, dampfenden Masse und hielt es mir hin.

Jetzt sah ich, dass es ein Kommissbrot war. Ich wich einen Schritt zurück und drückte mich an die Gartenmauer. Da legte mir der Feind das Stück Brot in die Hand. Es war warm und weich. Mit einem kräftigen Schwung warf ich es über die Schulter auf die andere Seite der Mauer.

Der Soldat sah mich mit zusammengekniffenen Augen an, riss sein Gewehr mit dem aufgepflanzten Bajonett von der Schulter. Das lange, blitzende Messer beschrieb einen Kreis in der Luft und traf dabei mein Knie, was ich aber gar nicht bemerkte. Dann landete der Riemen wieder auf der Schulter des Soldaten, der umkehrte und mit langen Schritten der Hammelherde nachlief.

Ich stand eng an die Mauer gepresst. Ich hatte es dem Feind gegeben. Hatte ich doch noch deutlich die Worte im Ohr, die der Propagandaminister durch den Volksempfänger gesagt hatte: Die Untermenschen sind zu jeder Schandtat bereit! Sie werden die Männer erschlagen! Den Frauen schneiden sie die Brüste weg! Die Kinder werden sie vergiften! Ich hatte also den vergifteten Brocken unschädlich gemacht. Einfach durch einen kurzen, energischen Wurf über die Gartenmauer. Und dies nicht in feiger Heimlichkeit, sondern vor den Augen des Feindes.

Erst jetzt spürte ich einen brennenden Schmerz am Knie. Da, zwischen den engen Schläuchen der kurzen Hose und den hochgezogenen, immer zu kurzen Strümpfen, war die verwundbare und verwundete Stelle. Die Wunde war schmal, hatte scharfe Ränder. Sie blutete wenig. Aber eine Narbe wird bleiben.

Schulzeit und der 17. Juni 1953

Die Grundschule, also Klasse eins bis acht, absolvierte ich an der Theodor-Neugebauer-Schule, dem ehemaligen Gemäuer der Ritter-Akademie auf der nahegelegenen Dom-Insel. Die Oberschule lag in der Innenstadt. Dorthin musste ich einen täglichen Fußmarsch von gut vierzig Minuten bewältigen, da es von der Krakauer Vorstadt aus weder Bus noch Straßenbahn gab.

Die Lehrerschaft der Schulen bestand einerseits aus Lehrern, die noch im alten Regime gedient hatten, und andererseits aus sogenannten Neulehrern, die sich oft den Schulstoff für den kommenden Tag erst am Abend zuvor aneignen mussten. Unter den altgedienten Paukern waren einige skurrile Typen. Ein Geschichtslehrer mit Spitznamen Poldi gab mir einmal eine schriftliche Arbeit mit den Worten zurück: »Das Ergebnis ist gut, aber so gut, dass man sagen könnte, sehr gut, so gut ist die Arbeit wiederum nicht.« Diese Sentenz benutzte er immer wieder, wenn es die Gelegenheit hergab. Erst viele Jahre später entdeckte ich, woher der Poldi diese Formulierung entlehnt hatte. Sie stammt aus einem Theaterstück des Komödiendichters Curt Goetz.

In diese Zeit fiel ein seltsames Ereignis. Wir waren in der neunten Klasse beim Schreiben einer Arbeit, als plötzlich die Tür des Klassenzimmers aufgerissen wurde. Zwei Männer in Arbeitskleidung betraten den Raum. Sie schauten sich kurz um, nahmen das obligatorische Stalin-Bild von der Wand und warfen es aus dem Fenster. Daraufhin verließen sie, wie sie gekommen waren, das Zimmer. Wir schauten uns fragend an, auch die Lehrerin fand kein Wort. Schließlich forderte sie uns auf, die Arbeit zu Ende zu schreiben und verließ eilig den Raum. Ich weiß nur noch, dass ich, so schnell es mir nur möglich war, die Arbeit beendete. Ich legte das Geschriebene aufs Katheder und lief ins Freie.

Was war geschehen? Auf der Straße waren viele Menschen, die meisten in Arbeitskleidung, sie schwenkten DDR-Fahnen, aus denen das Emblem, das Hammer und Ährenkranz zeigte, herausgetrennt war. Ich befand mich mitten im Arbeiteraufstand vom 17. Juni 1953. Neugierig durchstreifte ich die Stadt. Überall Papiere, Broschüren, Bücher, die man auf die Straßen geworfen hatte. Sie stammten aus Ämtern, die die Aufständischen gestürmt hatten.

Dann, ich hatte gehört, dass auch geschossen wurde, machte ich mich auf den Heimweg. Ich kam an der Havel vorbei, die in einen kleinen Nebenarm mündete, wo das Wasser der Havel eine Mühle antrieb. Am Wehr, vor dem Wasserrad, stand ein Mann, der mit einer langen Stange Treibgut zur Seite stocherte. Eine Stalin-Büste, die man irgendwo ins Wasser geworfen hatte, trieb, da sie hohl war, auf das Wehr zu. Der Mann sagte »Mahlzeit« und versetzte ihr mit der Stange einen kräftigen Stoß. Darauf zerschellte die Büste und versank auf Nimmerwiedersehen.

Zuhause angekommen, hörte ich im Radio, dass sowjetische Panzer im Anmarsch wären, um, so hieß es offiziell, die Konterrevolution niederzuschlagen und die alte Ordnung wieder herzustellen.

Die Attraktion auf der Oberschule war für mich der Dramatische Zirkel, Theaterspielen unter der Anleitung des Deutsch- und Lateinlehrers Knoblauch. Er machte das ganz vorzüglich, und wir agierten mit Freude und Leidenschaft. Ich jonglierte zum Beispiel in der Rolle des Truffaldino im »Diener zweier Herren« von Goldoni wild mit allerlei Requisiten in der Luft herum. Das sehe ich heute noch vor mir. Die Inszenierung des Herrn Knoblauch war so gut, dass wir das Stück sogar im Brandenburger Stadttheater aufführen durften. Das war herrlich.

Mit dem Abschluss der zwölften Klasse und dem Abitur war dann leider Schluss mit dem schönen Spiel. Der Herr Knoblauch nahm uns alle zusammen, bedankte sich für die unterhaltsamen Stunden und gab uns mit auf den Weg, wir sollten uns aber nicht einbilden, nun Schauspieler werden zu können.

In den darauffolgenden großen Ferien gab ich mich dem herrlichen Sommer hin. In der Wasserstadt Brandenburg mit ihren fünf großen Seen sowie der Ober- und Unterhavel konnte man die Zeit wunderbar mit Baden verbringen. Ich sah mich aber in der Pflicht, etwas zu unserem Lebensunterhalt beizusteuern und arbeitete in der Volkswerft »Ernst Thälmann« als Transportarbeiter.

Meine Mutter arbeitete immer noch in der Kammgarnspinnerei im Drei-Schicht-System, also auch mit Nachtschicht. Wir begegneten uns oft nur am Morgen, wenn sie von der Arbeit kam, während ich mich auf den Weg zur Werft machte. Obwohl das Verhältnis zu meiner Mutter immer innig war, fühlte ich in dieser Zeit noch einmal eine ganz besondere Verbundenheit.

Die Mahnung des Herrn Knoblauch aber bewegte mich weiter, denn im Innersten hegte ich den Wunsch, Schauspieler zu werden. Ich wagte das allerdings nicht weiterzudenken, schon gar nicht, es meiner Mutter zu gestehen. Weder in meinem Umkreis noch in unserer Familie gab es einen Menschen, der in einem künstlerischen Beruf tätig war. So überlegte ich hin und her. Wie machte man das überhaupt?

Ich war zwar ein paar Mal im Stadttheater gewesen, hatte einige Stücke und Operetten gesehen, aber

– Da erfuhr ich durch Zufall, dass es nicht weit von Brandenburg, nämlich in Potsdam, eine Schule, eine Filmhochschule gab, wo man Leute für den Film ausbildete. Film, ja, das war natürlich eine tolle Sache. Aber musste man als Filmschauspieler nicht ausgesprochen schön sein? Ich hielt mich jedenfalls nicht für besonders schön. Aber es wurde auch ein Studium für Regisseure angeboten. Regie, das hörte sich doch auch gut an!

Ich erkundigte mich und erfuhr, was man unternehmen musste, um sich für das Studium zu bewerben. Ich bemühte mich um die Unterlagen und staunte nicht schlecht, was ich da alles zu beantworten hatte. Ich tat das Nötige und wurde tatsächlich zu einer Eignungsprüfung eingeladen.

Wenn ich heute daran denke: Was für ein unmögliches Unterfangen! Ich, der ja eigentlich Schauspieler werden wollte, bewarb mich da, ohne jeglichen Bezug zum Film und hatte keinerlei wirkliche Lebenserfahrung.

Nun, ich fuhr nach Potsdam. Als ich zur Prüfung aufgerufen wurde und den Raum betrat, warf mir einer von der Kommission eine halbgeöffnete Streichholzschachtel vor die Füße. Die Hölzchen fielen heraus und lagen vor mir. Ich wusste nicht, was ich denken, noch was ich tun sollte. Also sammelte ich die Streichhölzer auf, steckte sie in die Schachtel und legte diese auf den Tisch der Kommission. Ich weiß heute noch nicht, was diese Aktion bedeutete.

Darauf folgte eine Reihe von Fragen, die ich mehr schlecht als recht beantworten konnte.

Ich konnte an der Stimmung im Raum abschätzen, dass es um mich nicht gut stand. Schließlich sagte einer von der Kommission, ich solle einige Namen von DEFA-Regisseuren nennen. Ich stotterte ein paar Namen hervor, die mir da so einfielen. Als ich den dritten Namen herausgestottert hatte, schrie mich der, der gefragt hatte, an: Er, Martin Hellberg, wäre Nationalpreisträger und Sonst-noch-was-Preisträger, und ich grüner Bursche würde mich erdreisten, ihn unter »ferner liefen« zu nennen.

Damit war mein Schicksal besiegelt.

Nicht, dass hier der Eindruck entsteht, ich empfand meine Ablehnung als ungerecht, nein, ich war in meinen Voraussetzungen alles andere als geeignet für dieses Studium. Aber was nun?

Ein väterlicher Freund

Willi Leisner, ein eingefleischter Junggeselle in seinen Fünfzigern, war der Bruder der besten Freundin meiner Mutter. Er war seines Zeichens Journalist, »von altem Schrot und Korn«, wie er gern betonte. Er war Kettenraucher und hatte etwas, das ich im Leben noch nicht gesehen hatte: einen Bücherschrank und mehrere Regale, die von Büchern überquollen. Wir hatten in unserem Haushalt gerade einmal zwei Bücher, eine Bibel, die meine Mutter bei ihrer Eheschließung erhalten hatte, und ein von der Großmutter stammendes zerfleddertes Kochbuch.

Willi Leisner musste, so nahm ich an, viele dieser seiner Bücher auch wahrhaftig gelesen haben. Denn er konnte zum Beispiel ein Kreuzworträtsel in Nullkommanichts auflösen, er fing oben links an und schrieb bis unten rechts in einem Zug durch.

Willi Leisner fuhr ständig in der Republik herum, er war, das wusste ich, Mitglied der CDU und wohl auch in irgendeiner Funktion tätig. Ihn, den väterlichen Freund, zog ich also ins Vertrauen, nachdem es mit der Filmhochschule nichts geworden war.

Willi Leisner steckte sich eine neue Zigarette an, nahm ein paar Züge und machte mir einen Vorschlag. Er könne mich bei einer Zeitung der CDU als Redaktionsvolontär unterbringen. Ich müsse das Zeitungsgeschäft ja nicht ewig betreiben, aber diese Tätigkeit sei doch in vieler Hinsicht interessant. Man erlerne das Schreiben, und das könne man später, bei welcher Gelegenheit auch immer, gut gebrauchen. Ich sagte zu und trat schon wenige Zeit später meine Tätigkeit in der Bezirksredaktion der »Märkischen Union« in Cottbus an. Hier hatte ich eine glückliche Zeit. Ich fand bald Anschluss in der Stadt. Mir kam zugute, dass ich Zugang zum »Club der Intelligenz« bekam, der den Namen des Malers Carl Blechen trug, eines Sohnes der Stadt. In dem Club, in einer Villa in der Nähe des Theaters, verkehrte die Intelligenzia des Ortes, Theaterleute, bildende Künstler, Musiker, Journalisten, Ärzte. Es gab einen kleinen Kinosaal, gute Bewirtung und eine Bibliothek.

Hier lernte ich Kurt-Ludwig Schilling, einen ehemaligen Regisseur und Intendanten, kennen, der sich in Cottbus niedergelassen hatte und dort ein Ensemble der Konzert- und Gastspieldirektion leitete. Das Ensemble, bestehend aus Schauspielern, Sängern und Musikern, bespielte hauptsächlich Orte des Bezirks. Er nahm sich meiner an, vermittelte mir einen Gesangslehrer, ging mit mir zu einem Schneider, wo er mir einen Anzug, den ersten in meinem Leben, anfertigen ließ. Bald trat ich in dem Ensemble in kleinen Gesangspartien und Sketchen auf. Die Stücke waren Revuen und trugen Titel wie »Ball im Savoy« oder »Tausend bunte Takte«. Mein Mäzen verpasste mir auch einen Künstlernamen, ich hieß auf der Bühne nun Fred Mano. Die Zeit als Revue-Darsteller dauerte zu meinem Bedauern allerdings nur ein knappes Jahr. Die Chefredaktion der Union-Zeitungen versetzte mich nach Karl-Marx-Stadt, und der Traum vom Theater war ausgeträumt. In Sachsen blieb ich nur kurz, dann ging es nach Potsdam und schließlich nach Magdeburg.

Erst viel, viel später erfuhr ich, dass mein väterlicher Freund eine höchst schillernde Persönlichkeit war. Er war in unterschiedlichsten Funktionen in der Partei tätig, verfasste unzählige Zeitungsartikel, zum Beispiel zum Thema »Christentum und Marxismus«. Er nahm aber auch Kontakte zu westlichen Stellen auf, so zum Bundesnachrichtendienst. Als er im Rentenalter von fünfundsechzig Jahren zu seinem Bruder in den Westen reisen durfte, suchte er im Dezember 1964 erneut Kontakt zum BND und gestand seine Rolle als Doppelagent. Er kam in Untersuchungshaft, wurde aus gesundheitlichen Gründen für haftunfähig erklärt und wieder entlassen, anschließend jedoch als »mittel- und obdachlose« ehemalige BND-Vertrauensperson in die Krankenstation der BND-Zentrale in Pullach aufgenommen. Nach seinem Ableben in der Krankenstation wurde Willi Leisner 1965 auf dem Waldfriedhof in München beigesetzt.

Das ist doch nichts!

Bevor ich zur Redaktion nach Magdeburg wechselte, unternahm ich noch einen Versuch in Richtung Theater. Nachdem ich die Schauspielerei ausgeschlossen hatte, galt mein Interesse nun der Theaterwissenschaft. Eine akademische Laufbahn also. Ich hatte in Erfahrung gebracht, dass man solch ein Studium an der Humboldt-Universität in Berlin anbot, und reiste in die Hauptstadt. Am Kupfergraben fand ich das ehrfurchteinflößende Gebäude.

Ich lief im Hause hin und her, bis mich schließlich eine nette Dame ansprach und fragte, wohin ich wolle. Ich erklärte ihr, mich nach einem Studium erkundigen zu wollen. Da kam ein junger Mann aus einem der vielen Räume, und die Freundliche wies mich darauf hin, dass das ein Oberassistent sei, der mir sicher weiterhelfen könne. Sie erklärte dem Mann mein Anliegen, und der führte mich in einen der Räume. Er hörte mich geduldig an. Ich wusste nicht, was ich davon halten sollte, als er mir mit den Worten »Das ist doch nichts!« ziemlich unwirsch von dem Studium abriet. Als ich mich einigermaßen gefasst hatte, stammelte ich, dass ich das, was er sagte, nicht verstünde. Nun, er blieb bei seiner Meinung, dass dies ein stupides Studium sei, wurde aber etwas zutraulicher. Er meinte, ich solle mir das dreimal überlegen und könne ja nach einiger Zeit noch einmal vorbeikommen. So verließ ich das Institut. Am Alexanderplatz besorgte ich mir eine Postkarte mit Briefmarke und ging zum Ort des Geschehens zurück. Es gelang mir, den mir unerklärlichen Menschen wiederzufinden. Ich übergab ihm die Postkarte, auf die ich meine Adresse geschrieben hatte, und bat ihn, mir einen Termin für ein Treffen zu schreiben. Er nahm die Bitte an, und ich fuhr nach Hause zurück.

Eines Tages kam tatsächlich die Postkarte mit einem Terminangebot. Ich kam diesem nicht mehr nach, hatte ich mir doch überlegt, ob der Mann nicht, wenn auch auf eine seltsame Weise, irgendwie recht hatte. Vielleicht hatte er aus meinen Worten herausgehört, dass mein Studienwunsch doch nur halbherzig war.

Viel später bekam die ganze Angelegenheit noch mal eine Wendung. Ich war schon am Theater, als mir die Postkarte wieder in die Hand fiel. Jetzt las ich die Unterschrift, und der Name, der mir damals nichts gesagt hatte, erklärte mir viel. Der junge Mann im Institut war Kurt Böwe, nunmehr ein bekannter, großartiger Schauspieler am Deutschen Theater. Er hatte im Studententheater der Humboldt-Universität in einer Inszenierung des Ernst-Toller-Stücks »Der entfesselte Wotan« die Hauptrolle gespielt und war nach dem großen Erfolg das geworden, was er immer werden wollte: Schauspieler.

Ich habe mit Kurt Böwe nur ein paar Mal beim Rundfunk gearbeitet, aber nie ließ sich dieser begnadete Geschichtenerzähler die Gelegenheit entgehen, mir unsere Begegnung auf dem Flur der Humboldt-Universität lebhaft vor Augen zu führen.

Er erzählte auch gern eine äußerst skurrile Anekdote aus seiner Theaterzeit in Halle. Er saß auf einer Parkbank in der Nähe des Theaters und lernte seine Rolle, als sich ein Hallenser zu ihm setzte und ihn fragte, was er da mache. Kurt antwortete nach einigem Zögern, er lerne da etwas. »Was lernstn da?« Wieder nach einigem Zögern: »Das ist ein Text.« Jetzt hatte der Mann wohl begriffen: »Bist du Schauspieler?« Kurt, wieder nach einigem Zögern: »Ja.« Darauf der Fragensteller: »Was spielstn da?« Kurt, dem das ganze Gespräch immer unangenehmer wurde, einsilbig: »Faust.« Darauf der Mann: »Kennst du Louis Trenker? *Das* isn Schauspieler, du Pfeife!« Er sprachs und verschwand.

Wallenstein, Hamlet, Mephisto

In Magdeburg hieß die CDU-Zeitung »Der neue Weg«. Die Redaktion hatte ihren Sitz am belebten Hasselbach-Platz, wo sich etliche Straßenbahnlinien kreuzten, sodass ein ständiges schrilles Geräusch auch bei geschlossenem Fenster den Arbeitstag begleitete. Dort ging ich der gewohnten Arbeit nach, nichts Erwähnenswertes geschah, bis mir eines Tages ein Schreiben auf den Tisch kam, welches ich zu redigieren hatte. In dem Artikel wurde beschrieben, wie man Schauspieler werden könne, welche Schulen es dafür gebe und wie man sich für ein Studium bewerben könne. Nun, ich redigierte nicht nur den Artikel, sondern nutzte die Auskünfte für meinen eigenen Bedarf.

Wie ich erfahren hatte, gab es drei Schauspielschulen, eine in Berlin, eine in Leipzig und eine mit spezieller Ausbildung für den Film in Potsdam-Babelsberg. Mir erschien Berlin am geeignetsten, hatte es doch die meisten und größten Theater, und überhaupt war die Hauptstadt interessanter und erstrebenswerter als jede andere Stadt.

Nachdem ich geschrieben und Antwort mit einem Termin für eine Eignungsprüfung bekommen hatte, machte ich mich an die vorbereitenden Arbeiten. Drei Rollen hatte man vorzusprechen, so wurde mir mitgeteilt, zwei klassische und eine moderne. Ich ging in die nahe gelegene Buchhandlung, wusste ich doch noch vom Dramatischen Zirkel auf der Oberschule her, dass einschlägige dramatische Literatur in den preiswerten Reclam-Büchlein zu finden war.

Ich wählte zunächst »Wallenstein« aus. Schillers Drama schien mir vertraut, da wir es in der Schule behandelt hatten. Ich war also sicher, dort einen Monolog oder etwas ähnliches zu finden. Und dann griff ich noch zu Shakespeares »Hamlet«, da konnte nichts schiefgehen. Da ich allerdings nichts fand, was sich als »modern« anbot, nahm ich noch Goethes »Faust« mit. Aus verschiedenen Sentenzen des Mephisto, die mir in ihrer Aussage recht »modern« erschienen, schusterte ich mir eine Art Monolog zusammen, sodass ich schließlich, da war ich mir sicher, ein profundes Repertoire für die anstehende Prüfung zusammen hatte. Meine Mutter hatte mir, das möchte ich nicht unterschlagen, einen schönen grauen Pullover gestrickt, sodass auch mein Äußeres nichts zu wünschen übrig ließ.

Ich fuhr also zum angegebenen Termin in die Hauptstadt und fand nach einigem Suchen die Staatliche Schauspielschule in Niederschöneweide. Nahe der Spree stand ein ehemaliges komfortables Haus eines Bootsclubs, das nun die Schule aufnahm und recht anheimelnd wirkte.

Ich wurde in einen Raum geführt, wo sich schon einige Prüflinge befanden. Ich schätzte einen nach dem andern ab. Wie stünden da wohl meine Chancen? Einer prahlte mit Erfahrungen, die er bereits als Komparse an irgendeinem Theater gemacht hatte. Einer hatte es schon an einer anderen Schule vergeblich versucht und hoffte nun, hier sein Glück zu machen. Ein anderer hatte sogar schon mit einer Rolle, ob klein oder groß, das verriet er nicht, auf der Bühne gestanden. Bei solch einer Konkurrenz sah ich langsam, aber sicher meine Chancen schwinden. Der Raum füllte sich weiter, und bald waren es an die zwanzig Bewerber, die da saßen und ihren Text leise vor sich hin murmelten. Dann begann der Wettbewerb.

Einer nach dem anderen wurde aufgerufen, verschwand im Prüfungsraum und kam mehr oder weniger glücklich zurück. Ich kam als Sechster oder Siebenter an die Reihe. Jetzt stand ich auf der kleinen, hell erleuchteten Bühne, vor mir der dunkle Raum, in dem ich ein paar Gesichter schemenhaft ausmachen konnte.

»Was haben Sie uns denn mitgebracht? Aha, Wallenstein. Na, dann legen Sie mal los!«

Ich legte los, Wallenstein, Hamlet, Mephisto.

»Danke. Warten Sie draußen.«

Ich wartete.

Als alle Prüflinge ihre Auftritte absolviert hatten, kam eine Professorin der Kommission zu mir, nahm mich zur Seite und erklärte, sie dürfe mir eigentlich noch nichts sagen, aber ich dürfe zur Aufnahmeprüfung erscheinen. Allerdings, fügte sie hinzu, solle ich dazu Rollen vorbereiten, die besser zu meiner Jugendlichkeit passten, und freundlicherweise nannte sie mir einige. Ich gestand ihr, dass ich mit dem Finden einer »modernen« Rolle meine Schwierigkeiten hätte. Bei Reclam hätte ich jedenfalls nichts Entsprechendes entdecken können. Sie schlug mir die Rolle des Alexej aus der »Optimistischen Tragödie« von Wischnewski vor, holte auch noch das Textbuch aus ihrem Büro und gab es mir mit auf den Heimweg.

Die erste Hürde hatte ich genommen. Die zweite Prüfung war weniger aufregend, ich war ja mit dem Hergang schon vertraut. Die Texte hatte ich gut gelernt, das lief wie am Schnürchen. Besonders gut gelang, so schien mir, besagter Alexej, der Anarchist, der der roten Kommissarin der Schwarzmeerflotte ordentlich Paroli bot.

Affäre mit Folgen

Am 1. September 1958 begann das mit Spannung erwartete erste Studienjahr an der Staatlichen Schauspielschule, der heutigen Hochschule für Schauspielkunst »Ernst Busch«. Die Schule genoss in der Theaterlandschaft einen sehr guten Ruf, sie hatte erstklassige Dozenten und Professoren. Da war zum Beispiel Hilde Buchwald, eine hochgeschätzte Dozentin für den Bewegungsunterricht, dann der geradezu berühmte Sprecherzieher Egon Aderhold und nicht zuletzt die Professorin Margrit Glaser, eine vitale, energische und schon Jahrzehnte tätige Schauspiellehrerin, die für elementares Theaterspiel stand.

Aber, für mich völlig unverständlich, war da der grobschlächtige Direktor Helmut Zocher. Ich fragte mich immer, was dieser Mensch an einem künstlerischen Institut zu suchen hatte. Viel später bekam ich die Antwort. Er war vom Ministerium für Kultur 1955 in die neu formierte Leitung der Schule als Leiter berufen, um die »ideologische Erziehung« zu intensivieren. Mit dem Genossen Zocher geriet ich auch bald wegen der einen oder anderen Kleinigkeit aneinander.

Mein Jahrgang zählte zehn Studierende, und wir gingen mit Leidenschaft an die Arbeit. Im Mittelpunkt des ersten Studienjahres stand das Spielen von Etüden, das im zweiten Jahr vom Szenenstudium abgelöst wurde. Das Erarbeiten von Szenen wurde von festangestellten sowie von externen Lehrern geleitet. Die Externen waren Regisseure oder Schauspieler der Berliner Theater. Wenn ein neuer Zyklus des Szenenstudiums begann, stürzten wir immer sofort zum Schwarzen Brett, um zu erfahren, welche Rolle wir bei welchem Dozenten erhascht hatten. Da kam es auch schon mal zu ersten Eifersüchteleien, wenn man lieber eine andere Rolle oder einen anderen Dozenten gehabt hätte.

Es waren bewegte Zeiten damals in Berlin. Es gab ja noch keine unüberwindbare Grenze zwischen Ost und West, keine Mauer. So konnten wir mit einem Fahrschein für 20 Pfennige von einer in die andere Gesellschaftsordnung fahren. Wir gingen auch gern im Westen ins Kino. Es gab eine Regelung, dass man Filme, die von der Filmbewertungsstelle Wiesbaden das Prädikat »besonders wertvoll« erhalten hatten, für Ost-Mark besuchen konnte. Ja, der Genosse Zocher hatte alle Hände voll zu tun, uns von den »Verlockungen des Westens« fernzuhalten.

*

Da geschah eines Tages etwas Außergewöhnliches. Der US-Pilot Gary Powers wurde am 1. Mai 1960 während eines Spionagefluges von der sowjetischen Luftverteidigung bei Swerdlowsk abgeschossen, gefangen genommen und als Spion verurteilt. Etwa zur gleichen Zeit sollte in Paris eine Gipfelkonferenz zwischen der UdSSR und den Westmächten stattfinden. Infolge der Affäre um den Spionageflug des US-Piloten Powers scheiterte die Konferenz und der sowjetische Staatsführer Chruschtschow besuchte statt Paris nun Ost-Berlin. Die Berliner Genossen waren in großer Aufregung. Man orakelte, was nun passieren werde.

Als ich an diesem Tag die Treppe herunterging, die elegant vom ersten Stockwerk ins Vestibül der Schule führte, sah ich, dass eine Dozentin etwas mit Kreide ans Schwarze Brett schrieb. Da dort meist etwas angeschrieben wurde, das irgendwie unerfreulich war, ein Aufruf zu einem Arbeitseinsatz oder so, seufzte ich: »Ach, du lieber Gott.« Als ich näherkam, sah ich, dass es sich um eine Aufforderung handelte, die den Empfang des Genossen Chruschtschow betraf. Wir sollten den sowjetischen Freund bei seiner Ankunft in der Stadt in einer bestimmten Straße begrüßen.

Noch am selben Tag wurde ich vom Genossen Zocher einbestellt. Er warf mir vor, ich hätte durch meine Äußerung kundgetan, dass ich wohl etwas gegen den herzlichen Empfang des sowjetischen

Freundes hätte. Diesen Vorwurf müsse er mir machen, und ich habe mit harten Konsequenzen, ja, mit der Relegation von der Schule zu rechnen. Ich versuchte mich zu verteidigen, indem ich vorbrachte, ich hätte ja oben auf der Treppe noch gar nicht lesen können, dass es um diesen Empfang ginge. Er holte zum Gegenschlag aus: Mein lieber Herr Wanderer zwischen den Welten, kann es denn an diesem denkwürdigen Tag um etwas anderes gehen als um den Empfang des Genossen Chruschtschow! Da konnte ich nichts erwidern, und ich ergab mich in mein Schicksal.

Nachdem wir den Führer der Sowjetunion herzlich begrüßt hatten, beriefen meine Kommilitonen, um mich vorm Rauswurf zu retten, eine FDJ-Versammlung ein, auf der sie beschlossen, mich »im Kollektiv ideologisch zu betreuen«. Ich weiß heute auch, dass die Frau Professor Glaser sich für mich einsetzte. Sie war übrigens auch diejenige, die mir nach der Eignungsprüfung die Rolle des Alexej empfohlen hatte.

Besagter Genosse Zocher wurde nach verschiedenen Auseinandersetzungen mit dem Lehrerkollegium, besonders mit Frau Professor Glaser, seines Postens enthoben und durch den Regisseur und Schauspieler Wolfgang Heinz ersetzt.

Heinz hatte aus irgendeinem Grund einen Narren an mir gefressen. Er hielt gern Seminare ab, in denen er über Gott und die Welt schwadronierte. Hatte er eine Sentenz formuliert, schloss er sie gern mit dem Nachsatz »Nicht wahr, Karge!« ab.

In den Ferien vor dem dritten und letzten Studienjahr hatte ich begonnen, ein kleines Theaterstück zu schreiben. Zum Anlass nahm ich ein gerade erschienenes »Weißbuch«. Darin waren Dokumente veröffentlicht, die belegten, dass in Westdeutschland weiterhin 800 Nazi-Richter in Amt und Würden standen. In der Adenauer-Ära galt eine Tätigkeit im Dritten Reich wie auch die Zugehörigkeit zur Nazi-Partei keineswegs als Makel.

Das Stück mit dem Titel »Zum Tode verurteilt« inszenierte ich mit den Kommilitonen meines Jahrgangs, und wir führten es in Kulturhäusern auf, die es in jedem Stadtbezirk von Berlin gab. Der Zufall wollte es, dass Elisabeth Hauptmann, die legendäre Brecht-Mitarbeiterin, eine dieser Aufführungen besuchte. Sie war von Stück und Inszenierung so angetan, dass sie am nächsten Tag ins Berliner Ensemble zu Helene Weigel ging und ihr von der Aufführung und dem »jungen Menschen, der das gemacht hatte«, berichtete. Sie fügte noch hinzu, was ich später erfuhr: »Schau dir den Burschen mal an, der könnte dich interessieren.«

So lud mich die Weigel zu einem Gespräch ein. Es endete mit ihren Worten: »Wenn Sie Lust haben, kommen Sie nach dem Studium doch zu uns.« Ja, ich hatte Lust, große sogar. Allerdings gab es da ein Hindernis. Es war ein ungeschriebenes Gesetz, dass der Absolvent nach Beendigung des Studiums erst einmal an ein kleines Theater in der Republik geht. So kann er dem Staat für das kostenlose Studium seinen Dank abstatten. Nun, Gesetze sind dazu da, umgangen zu werden, zumal die Weigel ihre Hand im Spiel hatte. Jedenfalls trat ich am 1. September 1961, vierzehn Tage nach dem Bau der Berliner Mauer, meine Arbeit am Berliner Ensemble an.

So manches Mal habe ich mich gefragt, und ich tue dies noch heute, wie meine Lebenslinie wohl verlaufen wäre, wenn Elisabeth Hauptmann nicht an diesem Abend ins Kulturhaus »Anton Saefkow« in Weißensee gegangen wäre, um sich eine Aufführung von Studenten anzuschauen.

Bärbel

Bärbel Bolle war eine Kommilitonin auf der Schauspielschule. Der Vater war Berliner, den es nach Mecklenburg verschlagen hatte, die Mutter eine waschechte Mecklenburgerin. Obwohl es weit und breit kein Theater in der Nähe der kleinen Gemeinde gab und in der Familie auch niemand in einem künstlerischen Beruf tätig war, beschloss Bärbel, Schauspielerin zu werden. Sie bewarb sich an der Berliner Schule, sprach mit Bravour vor und wurde auf Anhieb aufgenommen.

Sie war mir zum ersten Mal so richtig aufgefallen, als sie eines Tages die besagte leicht gebogene, schöne hölzerne Treppe in der Schule wie ein Engel herunterschwebte. Sie trug den damals beliebten Petticoat unterm Rock, sodass dieser auf und ab wippte. Ihr Äußeres strotzte vor Gesundheit, sie war ein naives, aber keinesfalls einfältiges Wesen. Dazu war sie hochbegabt und wurde von der Schule weg ans Deutsche Theater engagiert.

Warum sie, das blutjunge Ding, in ihrer ersten Rolle von Wolfgang Langhoff, den ich hoch verehrte, mit der Rolle der Parteisekretärin in Peter Hacks' »Die Sorgen und die Macht« besetzt wurde, ist mir stets ein Rätsel geblieben. Die Aufführung war von offizieller Seite heftig angegriffen worden. Präparierte Gruppen wurden ins Theater geschickt, um dort zu protestieren. Da die Angriffe vornehmlich Texte der Parteisekretärin betrafen, geriet diese ins Kreuzfeuer, und die Anfängerin Bärbel wusste nicht, wie ihr geschah.

Nachdem sie diese Feuerprobe bestanden hatte, eilte sie von Rolle zu Rolle und wurde zu einer der ersten Darstellerinnen des Deutschen Theaters. Sie hatte die Handfestigkeit, diese trockene Diktion des Norddeutschen und war dennoch sensibel. Scheinbar ging ihr die Arbeit leicht von der Hand. Sie sprach selten über ihre Probleme, machte alles mit sich selbst aus.

Ein Höhepunkt ihrer Theaterarbeit war das Gretchen in Goethes »Faust« in der Regie von Adolf Dresen. Sie arbeitete oft mit Dresen. Er war ein interessanter Mann, intelligent und streitbar. Hatte man im Streit mit ihm einen Punkt erreicht, wo es nicht mehr weiterzugehen schien, löste er meist mit einer humorvollen Sentenz den Knoten auf.

Auch die Faust-Inszenierung wurde wieder hart angegriffen, weil sie sich gegen die offizielle Auffassung wandte, Faust sei ein »Visionär des Sozialismus«. Dresen zeigte Faust in seinen Widersprüchen, seinen Irrtümern, ja, in seinen dunklen Seiten. Dresen wurde gezwungen, Änderungen vorzunehmen, die aber dem Ganzen keinen Abbruch taten. So blieb dic großartige Aufführung dem Publikum erhalten.

Den Faust spielte Fred Düren. Er, der brillante Schauspieler, gab später seinen Beruf auf, konvertierte zum jüdischen Glauben, wanderte nach Israel aus und wurde Rabbiner. Er ließ es sich nicht nehmen, Bärbel zu jedem ihrer Geburtstage aus Jerusalem anzurufen.

Bärbel Bolle blieb fast ihr ganzes Leben im Ensemble des Deutschen Theaters. Es war immer wieder wunderbar anzusehen, welche Leichtigkeit und Eleganz sie ihren Figuren verlieh. Ob in komischen oder in tragischen Rollen, sie war auf eine erstaunliche Weise immer perfekt. Helene Weigel versuchte mehrmals, sie ans Berliner Ensemble zu holen, aber sie blieb dem Deutschen Theater treu.

*

1962, als Bärbel und ich noch unsere ersten Schritte am Theater machten, heirateten wir, und sie gebar zwei liebenswerte Töchter. Jessica ging auch zum Theater und wurde Kostümbildnerin, Josephine schlug eine akademische Laufbahn ein.

Auf nach Mahagonny!

Mein Vertrag am Berliner Ensemble lautete auf »Mitarbeiter für Regie und Dramaturgie« und enthielt die Klausel »mit Spielverpflichtung«. Diese Klausel trat eher als ich dachte in Kraft.

Nach dem Bau der Mauer standen einige Schauspieler, die zwar im Osten gearbeitet, aber im Westen gewohnt hatten, nicht mehr zur Verfügung. Da ich eine gewisse Typähnlichkeit mit dem Schauspieler Gerd Schäfer hatte, der nun im Westen blieb, bekam ich seine drei Rollen zu spielen. Von jetzt auf gleich stand ich mit den allerersten Darstellern zusammen auf der Bühne. Mit der großen Weigel in »Frau Flinz«, mit Ekkehard Schall, Hilmar Thate und Wolf Kaiser in Brechts »Der aufhaltsame Aufstieg des Arturo Ui«. In der »Optimistischen Tragödie« spielte ich zwar nicht den Alexej wie bei der Aufnahmeprüfung an der Schauspielschule, sondern eine kleinere Rolle, aber so konnte ich beobachten, wie expressiv Ekkehard Schall die Figur auf die Bühne schmetterte.

Meine erste Arbeit als Assistent war bei der Inszenierung von Brechts »Die Tage der Commune«. Aber nach knapp drei Wochen Probenarbeit musste ein Spieler umbesetzt werden, und ich landete wieder auf der Bühne und hatte meine erste Originalrolle mit dem Seminaristen François Faure. Das war ein Auftakt!

Eines Tages stand ein junger Mann auf dem Hof des Theaters, den ich noch nie dort gesehen hatte. Ich sprach ihn an, und er sagte, dass er vor kurzer Zeit engagiert worden sei, und zwar als Mitarbeiter für Regie und Dramaturgie. Es war Matthias Langhoff, der Sohn des langjährigen Intendanten des Deutschen Theaters Wolfgang Langhoff. Es war Liebe auf den ersten Blick. Wie ich, wollte auch er Regisseur werden und möglichst bald hier am Haus als solcher arbeiten.

Nun muss man wissen, für einen Assistenten oder, wie es hieß, für einen Mitarbeiter der Regie und Dramaturgie bedurfte es damals an dem berühmten Haus eines Anlaufs von mindestens zehn Jahren, selber inszenieren zu dürfen. Nach fünf Jahren den Anspruch auf eine eigene Arbeit zu erheben, galt als unverschämte Ungeheuerlichkeit. Es gab also eine Legion von bereits in Geduld geübter Assistenten.

Unser Glück war es wohl, dass wir diese Situation gar nicht so schnell verinnerlicht hatten. Jedenfalls gingen wir schon nach einem knappen Jährchen quietschvergnügt zur Weigel. Wir hatten nämlich am Vortag den frischen Besetzungszettel für den »Schweyk« gelesen, den der alte Erich Engel machte, und wir sahen, dass eine ganze Riege erster Spieler nicht besetzt, also frei war. Das brachte uns auf die Idee, einen Vorschlag für eine Inszenierung zu machen. Uns war klar, dass es kein großes Brecht-Stück wie »Galilei« sein konnte. Aber was dann?

Wir kannten ein altes Foto aus dem Jahr 1928. Es zeigte eine Szene aus dem Songspiel »Mahagonny«, das Brecht und Weill zu den Baden-Badener Musiktagen gemacht hatten. In der Mitte der Szene ein Boxring, in dem Boxring agierten die Schauspieler. Wie gesagt, eine alte zerkratzte Fotografie, aber sie verströmte eine ungeheure Atmosphäre. Wir gingen also am nächsten Tag zur Weigel und schlugen kühn das Songspiel »Mahagonny« vor. Unser Vorgehen war außerhalb aller Spielregeln, so absurd, dass es der Weigel gefiel und somit von Erfolg gekrönt. »Brings mir a Besetzung«, sagte sie noch.

Nun musste der Text her. Allerdings war damals noch recht wenig an Brecht-Texten veröffentlicht. Heute kann man jedes Werk, jedes Fragment, jedes Wörtlein Brechts zwischen zwei Buchdeckeln finden. Wir gingen also ins Brecht-Archiv, wo eine Armada von älteren Damen Brechts Schriften sichtete. Wir erfuhren, dass der Text vom »Mahagonny-Songspiel« leider verschollen sei, man hätte ihn auch allzu gern, aber so sei es eben. Jetzt hatten wir, so gut wie, eine Inszenierung in der Tasche, aber was fehlte, war das Stück. Wir beschlossen, den Auftritt im Archiv für uns zu behalten und uns den Text selbst herzustellen.

Zunächst zogen wir Elisabeth Hauptmann ins Vertrauen. Sie war zwar Brechts engste Mitarbeiterin in den zwanziger Jahren, konnte sich aber an die einmalige Aufführung in Baden-Baden leider nur schwach erinnern: es hätte da einen Boxring gegeben, in dem die Holzfäller und Huren agierten, einen Ansager, der durch die Handlung führte, und Projektionen von Caspar Neher im Hintergrund. Nach diesen spärlichen Auskünften machten wir uns an die Arbeit.

Wir besorgten uns das Libretto der Oper »Aufstieg und Fall der Stadt Mahagonny«, das glücklicherweise erhältlich war, und zogen die Dialoge und Songtexte für eine Boxring-Story heraus. Vier Holzfäller ziehen »mit Geld unterm Hemd« in die Stadt Mahagonny, »wo man alles dürfen darf«. Wir fügten einen Text für einen Ansager, den wir in Brecht-Manier selbst verfassten, hinzu. Dem so Verfertigten gaben wir den Titel »Kleines Mahagonny« und legten es ohne weiteren Kommentar, zusammen mit einer Besetzung, die von allererster Güte war, auf den Tisch des Hauses. »Auf nach Mahagonny, die Luft ist kühl und frisch!« Niemand bemerkte, inwieweit wir da Hand angelegt hatten. Dass dann der Abend auch noch ein riesiger Erfolg wurde, komplettiert diese ganz ungewöhnliche Geschichte. »Der Geniestreich zweier Frühreifer«, schrieb eine Zeitung.

Nach der Premiere gingen wir zur Weigel und beichteten, dass das Stück »eigentlich nicht so richtig von Brecht sei«. »Ihr Lauser«, sagte sie, aber im Taumel des gefeierten Abends vergab sie uns.

Dann kam ein Störfeuer aus New York. Lotte Lenya, die berühmte Schauspielerin und Sängerin von Brecht-Songs, besaß als Kurt-Weill-Erbin die Rechte an den Kompositionen und machte geltend, dass es sich nicht um ein Originalwerk handele. Seitendeckung bekam sie von einem Busenfreund, einem Mister David Drew, der sich an einer Rekonstruktion des Songspiels versucht hatte und unsere Fassung als vulgär-marxistisches Machwerk bezeichnete.

Nun, die Weigel schaltete sich ein, und die Ladies beschlossen ein Agreement. Es besagte, dass das Berliner Ensemble die Aufführung zwar weiterspielen könne, andere Theater aber keinen Zugriff auf die Rechte haben sollten. Und es gab viele Theater, die um die Rechte nachfragten.

Einige Zeit später kam die Weigel in den Hof, sie konnte vom Fenster ihres Büros alles überschauen und hatte mich dort ausgemacht. Sie hakte sich bei mir unter und ging mit mir einige Schritte, wie sie es tat, wenn sie etwas besprechen wollte. »Wenn eure Inszenierung nicht mehr auf dem Spielplan ist, weiß kein Mensch mehr, was dieses ›Kleine Mahagonny‹ war. Deshalb schlage ich euch vor, wir machen eine Schallplatte, und ihr macht mir ein schönes Heft dazu mit dem Text und vielen Fotos.«

So kann man heute noch hören und lesen, was dieses »Kleine Mahagonny« einmal war.

Prometheus am Matterhorn

Im Februar 1964 schickte die Weigel Felicitas Ritsch, Ekkehard Schall, Hilmar Thate und mich zu einem Gastspiel in die Schweiz. Eingeladen hatte François Rochaix, der Intendant eines kleinen Genfer Theaters.

Rochaix, der aus einer Weinbauern-Familie stammt, war 1961 von Bern nach Genf gegangen, um bei François Simon, der für ihn der eindrücklichste französischsprachige Schauspieler war, zu studieren. Nach einem Jahr schlug ihm Simon vor, ein neu gegründetes Theater namens »Atelier Don Sapristi« zu übernehmen.

Bald bemerkte Rochaix, dass Brecht beim Genfer Publikum so gut wie unbekannt war und beschloss, diesen fast Unbekannten auf den Spielplan zu setzen. Er wollte »Die Horatier und die Kuratier« aufführen, erhielt aber die Rechte nicht, »da das Stück noch nicht in Paris gespielt worden war«, wie der Verlag »L'Arche« verlauten ließ. Ein Stück musste also erst seinen Ritterschlag in der französischen Metropole erhalten. So entschied sich François für »Furcht und

Elend des Dritten Reiches«, für das die Rechte zu bekommen waren.

Als er von einem Brecht-Abend mit Gisela May in Berlin gehört hatte, unternahm er einen, wie er meinte, kühnen Schritt. Er schrieb der Weigel, ob es möglich wäre, eine ihrer Schauspielerinnen für einen Brecht-Abend nach Genf einzuladen. Die Weigel antwortete, was ihn überraschte, umgehend und schlug vor, vier Schauspieler und zwei Musiker nach Genf zu schicken. Das brachte ihn auf die Idee, ein Brecht-Festival zu organisieren. Er fragte sofort bei der Genfer Fremdenpolizei an, ob eine Einladung von Künstlern aus Berlin möglich sei. Die sagte zu, und das Theater machte das Vorhaben öffentlich. In einem Tag war der Brecht-Abend ausverkauft.

Aber plötzlich gab es Probleme mit den schweizerischen Behörden. Das Theater erhielt einen Anruf von einem Beamten aus Bern.

»Sie wollen da einige ostdeutsche Künstler nach Genf einladen?«

»Ja, vier Schauspieler vom Berliner Ensemble in Ost-Berlin und zwei Musiker.«

»Aber das ist unmöglich!«

»Warum denn?«

»Es gibt doch keine diplomatischen Verbindungen zwischen der Schweiz und Ostdeutschland!«

»Aber wir haben einen Brief von der Genfer Polizei, die uns erlaubt diese Künstler einzuladen!«

»Nein. Das ist unmöglich!«

»Aber der Abend ist ausverkauft! Kann ich Ihnen den Brief der Genfer Polizei senden, der uns genehmigt, dieses Gastspiel mit Künstlern aus dem Berliner Ensemble zu organisieren?«

Der Berner Beamte war erstaunlicherweise bereit, den Brief des Genfer Beamten zu lesen und erklärte sich schließlich einverstanden, ausnahmsweise diesen Brecht-Abend mit ostdeutschen Künstlern zu gestatten. Allerdings ging es nicht ohne eine Verwarnung für den Genfer Beamten ab.

Am 25. Februar 1964 fand der Brecht-Abend statt. Und es wurde ein schöner Erfolg für uns und für das Theater.

Dieses Gastspiel markiert den Beginn einer lebenslangen Freundschaft, die mich mit François Rochaix verbindet.

1975 übernahm François die Leitung des Théâtre de Carouge. Carouge ist die Nachbarstadt von Genf, zum Teil nur durch den Fluss Arve voneinander getrennt. Die mittelgroße Stadt leistete sich ein großzügig angelegtes Theater. Hierher lud François 1978 Matthias und mich ein, um »Prometheus« von Aischylos zu inszenieren. Wir wollten das antike Stück jedoch nicht in einem klassischen Theaterraum, sondern an einem Ort machen, der eine rauere Atmosphäre bot. Wir fanden schließlich eine große Halle in der Innenstadt von Genf, eine ehemalige Autowerkstatt, die uns geeignet schien. Der Bühnenbildner Jean-Claude Maret baute uns ein kleines Amphitheater und einen Berg, an den der Feuerbringer geschmiedet wird, in die Halle hinein. Der Berg ähnelte deutlich dem schweizerischen Matterhorn. Françoise hatte uns ein außerordentlich gutes Ensemble zur Verfügung gestellt, an der Spitze sein ehemaliger Schauspiellehrer Philippe Mentha als Prometheus.

1981 verließ François das Théâtre de Carouge, um in den nächsten Jahren in aller Welt Theaterstücke und Opern zu inszenieren.

Für das Jahr 1999 bekam mein Freund ein ganz besonderes Angebot. Er konnte die Gesamtleitung der »Fête de Vignerons« übernehmen. Die Fête de Vignerons ist ein Schweizer Winzerfest, das etwa alle zwanzig Jahre in Vevey im Kanton Waadt stattfindet. Die Geschichte des Festes geht bis ins Mittelalter zurück. Das große Spektakel, das in der gegenwärtigen Zeit von der örtlichen Weinbürgerschaft organisiert wird, dient auch als Werbung für die Touristik und den Wein der Südschweiz. Das Fest von 1999 hatte ein Budget von unglaublichen 54 Millionen Franken. Es wurde eigens eine Arena für 16 000 Zuschauer errichtet. 5000 Schauspieler, Statisten und Reiter wirkten mit. Darüber hinaus ließ mein Freund auch vierzig Kühe und dreihundert blau angefärbte Schafe auftreten. Welch ein Spektakel! Und welch ein Erlebnis, wenn man von der riesigen Tribüne über den Genfer See hinweg bis zu den französischen Alpen schauen kann.

2002 übernahm François abermals die Leitung des Théâtre de Carouge und lud mich zu einer weiteren Zusammenarbeit ein. Ich inszenierte Brechts »Leben des Galilei«, mein Freund spielte den Großinquisitor. Er hatte sich kurz zuvor einer Krebsoperation an der Zunge unterziehen müssen, und trotz logopädischer Betreuung lispelte er noch ein wenig. Er bot mir an, ihn wegen des Makels, wie er meinte, umzubesetzen. Da sagte ich ihm: »Mein lieber Freund, wenn du nicht lispeln würdest, würde ich dir das Lispeln als Mittel für die Rolle des Großinquisitors vorschlagen.«

Ein gewisser »Schulz«

Mit der Inszenierung von »Mahagonny« hatten Matthias und ich uns zwar als Regisseure ausgewiesen, aber es ging uns danach mit weiteren Arbeiten zu langsam voran. Die Aufführung der großen Brecht-Stücke war immer noch Sache des Chefregisseurs Manfred Wekwerth. Eine Gelegenheit ergab sich, als der Dramaturg Werner Hecht vorschlug, sich doch einmal dem »Messingkauf« zuzuwenden.

Im »Messingkauf« unternahm Brecht den Versuch, seine Theorie vom epischen Theater in Dialogform darzulegen. Es diskutieren, in der Manier Platons, ein Philosoph, der, wie Brecht, das »Theater des wissenschaftlichen Zeitalters« propagiert, ein Schauspieler, der das alte, überholte Theaters vertritt, eine Schauspielerin, die die Position des Philosophen zu verstehen versucht, und ein Dramaturg, der als Kenner der Theatergeschichte zwischen den Streithähnen vermitteln will. Da treffen sich die vier nach einer Vorstellung auf der kahlen Bühne und streiten bis in die Nacht hinein. Wir hatten mit Ekkehard Schall als Philosoph, Wolf Kaiser als Schauspieler,

Gisela May als Schauspielerin und Willi Schwabe als Dramaturg eine Bombenbesetzung. Wolf Kaiser vertrat die Position des althergebrachten Theaters, die seine eigene war, so vehement, dass es fast zu Handgreiflichkeiten zwischen ihm und Schall kam.

Es gab die allgemeine Meinung, dass dieser Abend wegen seines speziellen Themas nur ein paar Mal gespielt werden könne, aber das war nicht der Fall. Das Publikum zeigte ein sehr großes Interesse an dieser äußerst unterhaltsamen Form von sonst eher trockener Theorie.

*

»Die Aufführung begann um acht, als ich um neun auf die Uhr schaute, war es halb zwölf. Eine Diskussion über Theatertheorien, von Kundigen längst geläufig aufgenommen oder abgelehnt, durchsetzt mit exemplarischen Szenen, die alle *»quod erat demonstrandum«* enden: dass so etwas beim Publikum nicht Gähnen hervorrief, sondern dreieinhalb Stunden lang lebhafte Anteilnahme und am Ende viel Händeklatschen, scheint mir der unanfechtbarste Beweis für die große Schauspielkunst des Berliner Ensembles.«

Rudolf Walter Leonhardt, Die Zeit

*

Wir gastierten mit der Inszenierung bei der »Experimenta« 1964 in Frankfurt am Main. Nach einer Vorstellung sprach mich ein Mann an, der sich mit dem Allerweltsnamen Schulz vorstellte und sehr geheimnisvoll tat. Er erkundigte sich zunächst nach einem Ost-Berliner Kollegen, der mir unbekannt war, deutete beste Beziehungen zu Theaterkreisen an und fragte dann, ob ich nicht für immer im Westen bleiben wolle. Als ich ihm sagte, dass ich dazu keinen Grund sähe, verabschiedete er sich.

Ich maß der ganzen Angelegenheit keine besondere Bedeutung zu, bis ich dem Herrn »Schulz«, war es nun Zufall oder nicht, wiederbegegnen sollte: Geraume Zeit später lud mich der Club Voltaire zu einem »Abend des politischen Liedes« nach Frankfurt ein, und siehe da, Herr »Schulz« war auch zugegen. Ich sprach ihn wegen der Angelegenheit nach dem »Messingkauf«-Gastspiel an. Er meinte, er habe nur einen Scherz machen wollen, und bat mich, die ganze Sache zu vergessen.

Dass ich den Unbekannten allerdings eines Tages in Ost-Berlin wiedersehen sollte, wo er, mich erblickend, stante pede in einer Seitenstraße verschwand, ließ mich dann doch an zufälligen Begegnungen mit dem Herrn »Schulz« zweifeln.

Tod in der Marienkirche

Christian Weisbrod, mein Kommilitone auf der Schauspielschule, war ein vertrackter Mensch, nicht leicht zugänglich, immer ein Außenseiter. Zu mir hatte er Vertrauen gefasst, aber einen Freund konnte ich ihn nicht nennen. Nach dem Studium war er ans Theater in Zwickau gegangen, von wo aus er sich ab und zu meldete.

Er gab mir immer wieder zu verstehen, dass er sich am Zwickauer Theater nicht gut aufgehoben fühle. Ich konnte begreifen, dass es ein Schauspieler, wie er es war, an einem solch relativ kleinen Theater schwer hatte. Er war ein sehr spezieller Typ, der nicht vielseitig eingesetzt werden konnte. So entschloss ich mich, ihn der Weigel zu empfehlen. In einem großen Ensemble wie dem unsrigen konnte er seinen Platz finden. Nun, die Weigel interessierte sich und engagierte ihn.

1965 wurde das Theater zu einem dreiwöchigen Gastspiel nach London eingeladen. Die britischen Behörden waren allerdings nicht bereit, die Einreisevisa in unsere Reisepässe zu stempeln, es gab ja keine diplomatischen Beziehungen. Wir reisten mit neutralen Dokumenten, die vom Alliierten Reisebüro der drei Westmächte ausgestellt wurden.

Das englische Publikum, das wir eher als kühl und zurückhaltend eingeschätzt hatten, geriet ganz aus dem Häuschen. Zudem erhielten wir viele private Einladungen.

Ich erinnere mich an ein Treffen mit dem berühmten James-Bond-Darsteller Sean Connery, der einige von uns in seinem Landhaus bewirtete. Er war begeistert von unserem Gastspiel und vertraute uns an, wie sehr er es bedauerte, nie den Hamlet gespielt zu haben. Auf seine Bond-Rolle wollte er auf keinen Fall angesprochen werden. Oder an Albert Finney, damals bekannt aus Filmen wie »The Entertainer« und »Tom Jones«, der mich zu einer Vorstellung, die er beim Sommerfestival in Chichester zu spielen hatte, in seinem Rolls Roys chauffierte. Und mit dem Regisseur Lindsey Anderson, der Filme Wie »If...« und »Sporting Life« gedreht hatte, traf ich mich fast täglich zum Tee.

Christian, der ebenfalls bei diesem Gastspiel dabei war, erhielt eines Tages Besuch von seinem Halbbruder aus Köln. Er war angereist, um den Christian nach dem Westen zu lotsen. Er hatte, wie sich noch herausstellen sollte, handfeste materielle Interessen. Bei der Abreise des Ensembles erschien Christian nicht am Bus, der uns zum Flugplatz bringen sollte, sondern machte sich auf zur bundesdeutschen Botschaft. Die »Flucht« wurde von einem Fotografen der wöchentlich erscheinenden Illustrierten »Quick« in dramatischen Bildern inszeniert. Die ganze Aktion hatte der Halbbruder organisiert und an die Zeitschrift verkauft.

Kaum im Westen, genauer in Köln, bereute Christian sein Tun, und er schrieb einen Brief an die Weigel. Darin bat er um Verzeihung für sein Handeln und fragte an, ob er ungeschoren zurückkehren könne.

Die Weigel zog mich ins Vertrauen und erkundigte sich bei mir nach Christians Familienverhältnissen. Ich konnte ihr nur so viel sagen, dass die Mutter in Westberlin wohne und der Vater, ein Dr. Weisbrod, irgendein hohes Tier im Landwirtschafts-Ministerium der DDR sei.

Dann nahm sie Kontakt zu bestimmten Stellen auf. Es wurde beschlossen, dass er zurückkommen könne, und eine diesbezügliche Nachricht ging ihm zu. Ich hörte eine Zeit lang nichts Weiteres, bis mich die Nachricht erreichte, dass der Leichnam Christians am 2. Oktober 1965 in der Marienkirche am Alexanderplatz aufgefunden wurde. Er hatte sich nach seiner Entlassung aus dem Lager Blankenfelde, wo er sich einige Zeit aufhalten musste und dort von der Stasi vernommen worden war, mit einem Gift umgebracht. Auf eine Zigarettenschachtel der Sorte »Orient« hatte er noch einige Abschiedsworte gekritzelt.

Die Weigel beschwerte sich bei bestimmten Stellen, dass seine Entlassung dem Theater nicht, worum sie gebeten hatte, mitgeteilt wurde. Christian selbst hatte keinen Kontakt aufgenommen.

Später fand ich einen ellenlangen Bericht über Christian in den Akten des Ministeriums für Staatssicherheit. Darin heißt es, man müsse Gerüchten entgegenwirken, die Mitarbeiter des MfS hätten durch ihre Verhörmethoden im Lager Blankenfelde den Selbstmord verschuldet.

Eine Sisyphus-Arbeit

Ende der zwanziger Jahre des vorigen Jahrhunderts beschäftigten sich Brecht und Elisabeth Hauptmann, wie sollte es anders sein, mit der Weltwirtschaftskrise und ihren Auswirkungen auf die Arbeitswelt. In diesem Zusammenhang untersuchten sie auch die Rolle der Heilsarmee, ihre Organisation und ihre Gepflogenheiten. Die Hauptmann beschaffte sich sogar eine Uniform der »Soldaten des lieben Gottes«, wie Brecht die Heilsarmee nannte, um so undercover nähere Beobachtungen zu machen. Es existiert auch ein Foto, das die Hauptmann in der Uniform vor einem Lokal der Heilsarmee zeigt.

All diese Bemühungen sollten zu einem Theaterstück mit dem Titel »Der Brotladen« führen. Die Arbeit blieb Fragment. Es gibt eine wahre Fülle von Dialogen, Dialogfetzen, Liedern und Chorpassagen. Die fragmentarischen Texte sind teils mit der Maschine, teils mit der Hand geschrieben. Aus diesem Konvolut versuchten Matthias und ich, ein spielbares Theaterstück herzustellen. Eine Sisyphus-Arbeit! Den handgeschriebenen Text fanden wir zum Teil in

Sütterlin-Schrift vor. Darüber hinaus existieren zwei Varianten zu dem Stoff, eine in Deutschland, die andere in Amerika spielend. Es war eine ausgesprochen kriminalistische Arbeit. Nun, es gelang uns, aus all dem ein Theaterstück zu formen. Der Weigel und der Dramaturgie gefiel das Verfertigte, und wir konnten mit den Proben beginnen. Zu Beginn gelang es uns nicht, eine Spielweise für den Text zu finden. Erst als wir die Handlung als »Spiel im Spiel« anlegten, fand sich ein Weg.

Die Schauspieler stellten eine Gruppe von Arbeitslosen dar, die zusammenkamen, um anhand der Geschichte vom Brotladen ihre Lebenssituation in der Krise spielerisch zu untersuchen. Sie übernahmen alle Rollen, auch die der Ausbeuter. Der Ort war eine Straßenecke, der Brotladen wurde mit Kreide an eine Mauer gemalt, eine Kopfbedeckung musste zur Charakterisierung einer Figur ausreichen.

Die Arbeiterwitwe Niobe Queck mit ihren sieben Kindern spielte die beliebte Agnes Kraus und den Leutnant der Heilsarmee Christine Gloger. Eines der Queck-Kinder war die neunjährige Simone Frost.

Unser »Brotladen« wurde ein Publikumserfolg und blieb mehrere Jahre auf dem Spielplan. Eines Tages eröffnete uns die Weigel, sie wolle unsere Fassung bei Suhrkamp drucken lassen. Dazu sollten wir aber einen Text verfassen, der unsere Arbeit an dem Fragment genau beschreibt; man könne hier ja nicht von einem Originalstück Brechts sprechen.

Wie lange halten Vorsätze?

Zwischen 1960 und 1963 erschien in der DDR der zweibändige Roman »Die Abenteuer des Werner Holt« von Dieter Noll. Der Roman, dem ein Kriegstagebuch zugrunde liegt, erlangte schnell große Popularität und wurde auch in den Lehrplan der Schulen aufgenommen. Basierend auf dem ersten Band, »Roman einer Jugend«, wurde 1965 ein Film gedreht. Ich hatte als Schauspieler schon ein paar Filme gemacht, konnte aber mit dem Filmgeschäft nicht so recht warm werden. Das Theater war meine Leidenschaft, sodass ich eigentlich kein Angebot vom Film mehr annehmen wollte. Dann kam aber die Anfrage, ob ich im »Werner Holt« die Rolle des Wolzow übernehmen wolle.

Gilbert Wolzow ist der Freund des Holt, ein vitaler, dominanter Bursche aus einer Offiziersfamilie. Er zieht mit Holt in den Zweiten Weltkrieg. Während Holt immer mehr am Sinn des Krieges zweifelt, steht Wolzow unerbittlich auf der Seite der Unbelehrbaren. Die Figur des Wolzow hat trotz seiner Gesinnung etwas Anziehendes, ja, eben etwas Verführerisches. Am Ende des Films wendet sich Holt von seinem

Freund Wolzow ab. Er begreift, dass nicht nur die Sache, für die er kämpft, falsch ist, schlimmer noch, er ist selbst zum Verbrecher geworden, indem er sich nicht gegen diese Verbrechen gestellt hat.

Ich entschied mich, das Angebot anzunehmen. Die Dreharbeiten zu dem fast dreistündigen Film zogen sich über ein Jahr hin.

Vor Beginn der Filmarbeit übten wir das Exerzieren, da keiner von uns jungen Burschen gedient hatte. Wir erschienen drei Wochen lang jeden Morgen auf dem Gelände der DEFA in Babelsberg, um unter der Anleitung von Hauptmann Schmalfuß, der als sogenannter Fachberater fungierte, Krieg zu spielen. Bei den Dreharbeiten ging es schon mehr zur Sache. So schossen wir als Flakhelfer auf dem Truppenübungsplatz auf dem Darß mit scharfer Munition und zertrümmerten in der Lausitz ein ganzes Dorf, das wegen der Braunkohleschürfung aufgelassen worden war.

Der Film erreichte Zuschauerrekorde und wird bis heute immer wieder gezeigt. Bei zahlreichen Diskussionen, zu denen man mich nach Vorführungen des Films einlud, konnte ich erfahren, wie dieser »Roman einer Jugend« die Zuschauer bewegte. Die Älteren versetzte der Film in die Jugend- und Kriegszeit zurück, und sie berichteten von eigenen Erlebnissen. Die Jüngeren waren besonders von der packenden, ungewöhnlichen Erzählstruktur angetan. Bei einem Gespräch in der »Gedenkstätte Seelower

Höhen« sagte mir ein älterer Mann, der Film ließe ihn auch nach Jahrzehnten nicht los, er habe ihn sich schon sieben Mal angesehen.

»Die Abenteuer des Werner Holt« war einer der wenigen DDR-Filme, der auch in der Bundesrepublik das Publikum erreichte und erregte. Und dies nicht nur wegen der handlungsreichen, spannenden Darstellung des Krieges.

Trotz des großen Erfolgs beschloss ich, das Filmen für eine Zeit sein zu lassen und mich ganz dem Theater hinzugeben. Diesen Vorsatz brach ich nicht zum ersten Mal, als mir 1970 das Angebot gemacht wurde, den Hans Coppi in dem Film »KLK an PTX – Die Rote Kapelle« zu spielen. Hans Coppi war der Funker der weitverzweigten Widerstandsgruppe »Rote Kapelle«, also eine authentische Figur, der zusammen mit seiner Frau von den Nazis zum Tode verurteilt wurde. Hilde Coppi, die schwanger war, durfte das Kind noch gebären, bevor sie gehängt wurde. Den Sohn, der ebenfalls den Vatersnamen Hans trug, sollte ich später kennenlernen. Er sagte mir, er hätte den »Filmvater« auf der Leinwand mit großer Neugierde betrachtet, aber die »Begegnung« sei auch sehr verstörend gewesen.

Ich hatte schon in verschiedenen Filmen die Figur eines in der Illegalität agierenden Funkers gesehen. Jedes Mal erschien mir die Darstellung irgendwie unrealistisch. Wieso war das so?

Ich hatte gehört, der ehemalige Funker des Dr. Sorge lebe in Berlin. Richard Sorge war ein deutscher Kommunist, der während des Zweiten Weltkriegs als Journalist und in geheimer Mission für die Sowjetunion in China und Japan tätig war. Er beschaffte zum Beispiel im Juni 1941 die Information über den genauen Termin des Angriffs Deutschlands auf die Sowjetunion. Stalin, den diese Nachricht erreichte, hielt Sorge für eine unseriöse Quelle und schlug sie in den Wind. »Da ist dieser Schurke, der in Japan Fabriken und Bordelle aufbaut und sich sogar herabließ, den 22. Juni als das Datum des deutschen Angriffs zu melden. Soll ich dem etwa auch glauben?« Richard Sorge wurde 1944 in Japan enttarnt und zum Tode verurteilt.

Ich bat also die Filmproduktion, ein Gespräch mit Funker Max Christiansen-Clausen zu organisieren. Es verging einige Zeit, bis plötzlich ein Mann vor meiner Tür stand, der mir sagte, er könne mich zu einem Treffen mit Clausen chauffieren. Er fuhr mit mir in eine Straße in der Nähe der Weidendammer Brücke, und wir betraten ein Haus, wo er mich in ein Zimmer führte. Hier saß an einem Tischchen, auf dem Kaffee bereitstand, ein älterer Herr und wurde mir als Herr Clausen vorgestellt. Darauf verließ der Mann, der mich hergebracht hatte, das Zimmer. Aber am Fenster, in einer Zeitung lesend, saß einer, der wohl unser Gespräch mithören sollte. Ich war offenbar in einem Haus der Staatssicherheit. Ich erzählte Clausen von dem Film und meiner Rolle und dass ich wissen wolle, wie ich mir so ein illegales Funken vorzustellen hätte. Ich fügte noch hinzu, dass ich schon einige Szenen solcher Art im Kino oder Fernsehen gesehen hatte, die mir so unprofessionell erschienen: Da sitzt ein Mann mit Schweiß auf der Stirn und fuchtelt nervös in der Gegend herum.

Clausen stimmte mir zu und sagte: »Du machst doch einfach deine Arbeit. Du spannst die Antenne auf. Du weißt, du hast so und so lange Zeit, deinen Text abzusetzen, ehe sie dich orten können. Dann baust du wieder ab. Ich hatte immer eine Flasche Bier mit. Die hab ich nach getaner Arbeit ausgetrunken und fertig.«

Als mich der Chauffeur wieder nach Hause brachte, fragte ich mich: Was für Geheimnisse kann der alte Mann mir, nachdem Jahrzehnte vergangen sind, denn noch verraten? Warum können wir uns nicht einfach in einem Kaffeehaus treffen? Übrigens, das mit dem Bier habe ich dem Clausen im Film natürlich nachgemacht.

*

Viel später, im Jahr 1982, habe ich meinen Vorsatz, keinen Film mehr zu machen, noch einmal fallenlassen. Mein Freund Thomas Brasch bat mich, in seinem Film »Domino« mitzuspielen. Neben seiner Arbeit fürs Theater hatte Thomas bereits den Berlin-

Film »Engel aus Eisen« über die Gladow-Bande, die Ende der vierziger Jahre ihr Unwesen trieb, gedreht. Auch »Domino« atmete die Atmosphäre der »Frontstadt« West-Berlin. Für mich hatte Thomas, wie er mir sagte, die Figur des Kohlen-Paule, eine Berliner Type, geschrieben. »Den kannst nur du spielen«, sagte er charmant. Naja, dachte ich, aber konnte nicht nein sagen.

Sieben gegen Theben und Der Prager Frühling

In der Nacht vom 20. auf den 21. August 1968 rückten Truppen von fünf Warschauer-Pakt-Staaten in die Tschechoslowakische Sozialistische Republik ein. Damit wurden die als »Prager Frühling« bezeichneten Reformversuche der Kommunistischen Partei der CSSR gewaltsam beendet.

Diese Nachricht erreichte mich in den Sommerferien. Es herrschte eine sehr aufgeregte Atmosphäre, und es kam auch in Berlin zu Protesten und Verhaftungen. In dieser Situation begannen wir, Matthias und ich, im Herbst mit den Proben zu »Sieben gegen Theben«.

Die Tragödie ist der letzte und einzig erhaltene Teil der »Thebanischen Trilogie« des griechischen Dramatikers Aischylos aus dem Jahr 467 v. Chr. Sie handelt vom Bruderkampf der Ödipussöhne Eteokles und Polyneikes um die Herrschaft in Theben. Wir wollten für die Inszenierung auch Elemente des altjapanischen Nō-Theaters benutzen und luden dazu den berühmten Nō-Spieler Hideo Kanze ein. Ich hatte Kanze einige Zeit zuvor bei einer seiner Europa-Tourneen kennengelernt.

Nach einiger Zeit überraschte uns die Weigel mit einer schlimmen Nachricht. Sie hatte eine »Weisung« des Kulturministeriums erhalten, in der sie aufgefordert wurde, unsere Proben zu »Sieben gegen Theben« abzubrechen. Sie würde der Weisung erst einmal nachkommen und beruhigte uns, in der Angelegenheit wäre das letzte Wort noch nicht gesprochen.

Kurz zuvor hatte es schon einmal eine ähnliche Situation gegeben, als wir eine szenische Lesung von Hanns Eislers »Faustus« vorbereiteten. Diese erste öffentliche Vorstellung des Textes im Theater war als Ehrung zu Eislers 70. Geburtstag gedacht. Nach einigen Proben erhielt Helene Weigel die Weisung vom Kulturministerium, die Aufführung abzusagen. Sowohl die an der Produktion Beteiligten als auch die Leitung des Hauses verlangten eine Erklärung. Das Kulturministerium blieb ohne Antwort bei seiner Entscheidung. Aber was war der Grund?

Eislers Text löste schon bei seinem ersten Erscheinen im Jahre 1952 harsche Kritik aus. Der Aufbau Verlag musste die Buchausgabe zurücknehmen, und es entbrannte eine hitzige Diskussion. Man warf Eisler vor, er hätte mit seinem »Faustus« das klassische Faustbild zerstört. Eisler hatte ihn in die Zeit der Bauernkriege von 1525 verlegt und zum Renegaten gemacht. Brecht war seinem Freund Eisler zwar beigesprungen, einige andere auch, aber die Kritiker waren in der Überzahl und saßen am längeren Hebel. Neben Brecht hatte sich auch Ernst Fischer, der österreichische Literat und Kommunist, ganz vehement zum Fürsprecher Eislers gemacht. Diese Fürsprache sollte nun fast zwei Jahrzehnte später zum Verhängnis der vorgesehenen Lesung werden. Zwar nicht öffentlich gesagt, aber hinter vorgehaltener Hand sickerte durch: Dass das Theater ausgerechnet jetzt das Stück aufführen wolle, wo sich der große Fürsprecher Fischer mit seiner konterrevolutionären Haltung zu den Prager Ereignissen als Renegat entpuppt hätte, sei eine politische Geschmacklosigkeit sondergleichen.

Anders verlief die Sache um »Sieben gegen Theben«. Die Proben lagen erst einmal auf Eis. Es gab einen umfangreichen Briefverkehr zwischen dem Ministerium, der Weigel und der Parteileitung des Hauses. Wir wurden ins Ministerium einbestellt und von einem Genossen Hammer gerügt, weil wir über die ganze Angelegenheit in der Öffentlichkeit gesprochen hatten. Im Hintergrund aber organisierte sich die Weigel eine Zahl von Fürsprechern. Sie war da nicht wählerisch und zog zum Beispiel Leute wie den dogmatischen Kulturfunktionär Alfred Kurella geschickt auf ihre Seite. Auf jeden Fall konnten wir die Proben fortsetzen und das Stück zur Premiere bringen.

Bei der englischen Germanistin Laura Bradley, die sich mit dem Theater und der Zensur in der DDR beschäftigt hat, las ich Jahre später: »Sieben gegen Theben wurde beinahe zur umstrittensten Produktion in der Geschichte des Berliner Ensembles, als Manfred Karge und Matthias Langhoff es in eine Allegorie auf die Unterdrückung des Prager Frühlings durch den Warschauer Pakt verwandelten. Ihre Adaption nutzte die vielen zufälligen Parallelen zwischen Aischylos' Stück und jüngsten internationalen Ereignissen und gipfelte in einem neuen Schluss, in dem der Chor sein Versäumnis, sich gegen ›rechtlose Herrschaft‹ und fremde Invasion auszusprechen, geißelte.«

Am Tag der Premiere lud die Weigel Matthias und mich zu einem Gespräch. Sie eröffnete uns, dass sie sich von Manfred Wekwerth, dem Chefregisseur, getrennt habe. Zwischen ihm und ihr war es schon seit geraumer Zeit zu unüberwindlichen Meinungsverschiedenheiten gekommen. Es gab Bestrebungen in der Partei, die Macht der Weigel als Intendantin und Verwalterin des Brecht-Erbes zu beschneiden, ja, sie als Leiterin des Berliner Ensembles abzusetzen. Einer der Wortführer war der Genosse Wekwerth, der in perfidester Weise, wie zahlreiche Briefe an die Partei belegen, gegen die Weigel intrigierte. Er war es auch, wie wir später erfuhren, der maßgeblich hinter den Angriffen auf »Sieben gegen Theben« steckte und hatte uns sogar in einem Brief an das Zentralkomitee der Partei als »konterrevolutionäre Plattform« diffamiert.

Nun bot die Weigel uns an, die Position des Chefregisseurs zu übernehmen. Leider mussten wir ablehnen, waren wir doch, auf der Suche nach einem neuen Arbeitsfeld, mit Benno Besson im Wort. Er hatte uns angeboten, mit ihm an die Volksbühne am Luxemburgplatz zu gehen. Die Weigel war sichtlich enttäuscht.

Doch trotz dieser Enttäuschung blieb sie mir bis zu ihrem Tod freundschaftlich verbunden. Beispielsweise fuhren wir in der Formation »Weigel, Schall, Karge« mit einem Brecht-Programm in der Weltgeschichte herum. Bei einem Gastspiel in Dubrovnik, der Hafenstadt an der Adria, hatten wir gut verdient und hängten noch zwei, drei freie Tage dran. Der Weigel hatte der Arzt wegen ihres »Raucherbeins« geraten, möglichst oft zu schwimmen, und da sie gern weit hinausschwamm, bat sie mich, sie zu begleiten. Während wir so in der Adria schwammen, sagte sie ganz plötzlich: »Übrigens, Karge, es war richtig, dass ihr weggegangen seid.« Ich war verblüfft, sagte aber nichts. Und so schwammen wir wortlos weiter.

Paris oder Was für ein Theater!

Mit dem Gastspiel von Brechts »Die Tage der Kommune« zum 100. Jahrestag der Pariser Kommune 1971 in Paris ging ein langgehegter Wunsch der Weigel in Erfüllung. Obwohl ich nicht mehr zum Ensemble gehörte, lud sie mich ein, unseren »Brotladen«, der ebenfalls in Paris gezeigt werden sollte, zu begleiten. Die Aufführung wurde in Aubervilliers, also in der Pariser Banlieue gezeigt.

Le Théâtre de la commune de Aubervilliers war 1965 von Gabriel Garran und Michel Bataillon gegründet worden und hatte sich im Besonderen der zeitgenössischen Dramatik verschrieben. Michel Bataillon war auch maßgeblich an der Organisation des Gastspiels beteiligt. Der Erfolg der Aufführung vom »Brotladen« war überwältigend. Der französische Romanist und Theaterwissenschaftler Bernard Dort nannte den »Brotladen« eine neue poetische Kunst des politischen Theaters. Die Leitung des Theaters bat Helene Weigel, das Stück in französischer

Sprache aufführen zu dürfen. Sie gab ihre Einwilligung, allerdings unter der Bedingung, dass wir, also Matthias und ich, das Stück inszenierten. Nachdem auch wir allzu gern zustimmten, wurde die Aufführung für das Frühjahr 1972 geplant.

Ich wusste nicht, ja, wir alle wussten nicht, wie krank die Weigel zu dieser Zeit bereits war. Konnte sie ihren Zustand nicht verbergen, sprach sie von einer angebrochenen Rippe. In Wahrheit war es der Lungenkrebs. Wenige Monate nach dem Gastspiel starb Helene Weigel am 6. Mai 1971.

In Vorbereitung der Arbeit in Frankreich nahmen wir eine Reihe von Französischstunden bei einem Dozenten der Humboldt-Universität. Mehr schlecht als recht mit Sprachkenntnissen gewappnet, reisten wir im Frühjahr 1972 zusammen mit unserem Bühnenbildner Pieter Hein nach Paris. Das Theater hatte keine Mühen gescheut und uns ein großes Ensemble von Schauspielern und Musikern zur Verfügung gestellt. Auch ein guter Dolmetscher wurde uns an die Seite gegeben. Die Arbeit verlief im Großen und Ganzen recht harmonisch, bis ein paar Tage vor der Premiere Barbara Brecht-Schall in Paris erschien. Sie, die Tochter Brechts und der Weigel, war nach Weigels Tod die Verwalterin der Brecht-Rechte. Ich hatte bis hierher ein gutes Verhältnis zu ihr und war im Hause von Barbara und ihrem Ehemann Ekkehard Schall ein gern gesehener Gast. Nach dem Tod der Weigel änderte sich das schlagartig. Nun hatte sie die Macht über die Brecht-Rechte, sprach uns jegliches Recht an der Brotladen-Fassung ab und drohte dem Theater, die Aufführung zu verbieten. Während die Weigel unseren Anteil an der Fassung ausdrücklich anerkannte, bestritt die Brecht-Erbin dies. Das Theater war in heller Aufregung. Wir sahen keinen Grund, klein beizugeben, und setzten die Proben fort. Da die Brecht-Erbin bei uns auf Granit biss, reiste sie schließlich mit allerlei Ausflüchten, wie, sie wolle dem Theater nicht schaden und so weiter, ab. Die Premiere fand wie geplant statt, und die Rechte für die »Brotladen«-Fassung blieben weiterhin ungeklärt.

Im Folgenden hatte ich leider noch eine ganze Reihe von Schwierigkeiten mit der Brecht-Erbin. Ich will hier nur von einem Vorfall berichten. Das Nationaltheater Helsinki hatte mich zu einer Inszenierung eingeladen, und es sollte ein Brecht-Stück sein. Als die Finnen um die Rechte nachfragten und mich als Regisseur nannten, bekamen sie eine abschlägige Antwort. Daraufhin schrieb ich der Brecht-Verwalterin und fragte, ob die Absage in meiner Person als Regisseur begründet sei. Die Antwort lautete, ja, so sei es. Denn ich hätte ein ungutes Verhältnis zum Werk von Papa (gemeint ist Brecht) und sie verbiete mir deshalb jegliche Inszenierung von Brecht-Stücken von Reykjavik bis Timbuktu.

*

Mein Freund Michel Bataillon studierte Germanistik an der Pariser Sorbonne und der Karl-Marx-Universität Leipzig und arbeitete als Dramaturg und Übersetzer. Er übersetzte auch mein Stück »Jacke wie Hose«, das daraufhin an vielen Theatern in Frankreich gespielt wurde. Michel Bataillon, ein wandelndes Lexikon der französischen Theatergeschichte, arbeitete viele Jahre zusammen mit Roger Planchon am Théâtre National Populaire in Villeurbanne. Dort gastierten wir auch mit Heiner Müllers »Schlacht«. Während einer Vorstellung erhielt das Theater eine Bombendrohung. Es lief gerade die Szene »Kleinbürgerhochzeit«, als über einen Lautsprecher im Saal die Aufforderung an das Publikum erging, das Theater zu verlassen. Während die Zuschauer erstaunlich ruhig den Saal verließen, waren die Schauspieler, die kein Wort der französischen Durchsage verstanden hatten, irritiert, spielten aber weiter. Erst als Michel auf die Bühne kam und die deutschen Gäste aufklärte, verließen auch sie das Theater durch den Bühneneingang. Es war recht kalt, und da standen jetzt – ein Bild, wie aus einem Fellini-Film –, fröstelnde Gestalten in der Februarnacht. SS-Männer neben einem amerikanischen Piloten, Damen im Tutu neben Frontsoldaten, Todesengel, ein Hitler, eine Eva Braun im Brautkleid sowie Jesus mit seinen Jüngern.

Eine Bombe fand man nicht, aber dem Publikum, das vor dem Theater ausgeharrt hatte, wurde eine Wiederholung der Vorstellung versprochen.

Die kleine Simone ganz groß

Der Fernsehfunk der DDR wollte ein Theaterstück Brechts zu dessen 70. Geburtstag im Programm haben und fragte bei der Weigel nach. Davon erzählte sie mir und gab zu verstehen, dass sie kein besonderes Interesse an Film oder Fernsehen habe. Da fiel mir die kleine Simone aus dem »Brotladen« ein. Sie hatte in ihrer Rolle als Kind der Witwe Queck nur einen Satz zu sprechen: »Mama, mir friert!« Dieser eine Satz und wie sie ihn sagte, war mir in Erinnerung geblieben.

So machte ich der Weigel einen Vorschlag. Brechts Stück »Die Gesichte der Simone Machard« wurde nur deshalb selten gespielt, da er zur Bedingung gemacht hatte, dass die Rolle der Simone Machard nur von einem Kind, das nicht älter als zwölf Jahre ist, gespielt werden darf. Die kleine begabte Frost, davon war ich überzeugt, wäre da eine sehr gute Wahl. Außerdem gab ich zu bedenken, das Stück mit seinen Traumszenen sei geradezu wie geschaffen für eine Fernsehinszenierung. Die Weigel erwärmte sich für den Vorschlag und sagte dem Fernsehfunk zu, unter der Bedingung, dass Matthias und ich die Regie übernehmen.

Wir machten uns an die Arbeit, und es gelang uns, die besten Schauspieler der Berliner Theater für die Produktion zu gewinnen. Sogar die Weigel, trotz ihrer Abneigung dem Fernsehen gegenüber, übernahm eine Rolle. Für die große Partie des alten Père Gustave fanden wir allerdings keine adäquate Besetzung. Durch Zufall erfuhren wir, dass der berühmte Rudolf Forster in West-Berlin gastierte. Er war schon ein Star der Stummfilmzeit gewesen, spielte den Mackie Messer in der Dreigroschenoper-Verfilmung von 1931, hatte unter Jeßner, Engel, Hilpert, Reinhardt als Charakterdarsteller reüssiert und war aus dem bundesdeutschen Film der fünfziger und sechziger Jahre nicht wegzudenken. Wir suchten Kontakt zu ihm. Dabei half uns Maria Emo, die mit Forster zusammen in West-Berlin spielte. Sie kam des Öfteren nach Ost-Berlin, um Familie Langhoff zu besuchen. Sie überbrachte Forster den Machard-Text, und er sagte umgehend zu. Sogar gegen den Widerstand des Fernsehens, das keinen West-Schauspieler engagieren wollte, setzten wir das Engagement dieses großartigen Schauspielers durch.

Und auch unsere kleine Simone erwies sich als erstaunlich souveräne Darstellerin. Erst viel später realisierte ich die Namensgleichheit von Simone mit der Heldin des Stücks. Da erzählte mir die Mutter, die Malerin Inge Frost, sie habe während der

Schwangerschaft den Roman Feuchtwangers gelesen, auf dem Brechts Stück beruht. Und so hätte sie den Namen »Simone« gewählt.

Die Ausstrahlung der »Simone Machard« fand zu Brechts Geburtstag am 10. Februar 1968 statt. Wir luden alle Beteiligten ein, sich die Ursendung gemeinsam anzuschauen, und hatten dazu im Hotel »Johannishof« einen Raum gemietet. Alle waren gekommen. Auch Forster, auch die Weigel. Anschließend saßen wir noch zusammen, und die Weigel hielt eine kleine Rede. Sie lobte unsere Arbeit und besonders die der kleinen Simone. Forster, der neben mir saß, flüsterte mir zu, er würde auch gern ein paar Worte sagen. Dann erhob er sich und breitete seine Arme weit aus. Einen Augenblick erinnerte er mich an Charles de Gaulle, wenn der einer Masse von Zuhörern sein »Vive la France« zurief. Aber Forster sprach eher mit leiser Stimme, die ganz konträr zu seiner großen Geste stand: »Ich danke allen. Es war eine fantastische Zeit. Meine Jugend war wieder da.« Daraufhin setzte er sich, beugte sich zu mir und flüsterte: »Wenn Sie wieder mal so einen alten Knacker brauchen, ich stehe zur Verfügung.« Ein halbes Jahr später starb Rudolf Forster, der Père Gustave war seine letzte Rolle.

Für den Herbst war eine Wiederholung der Sendung geplant. Auch hier sollten die Aufgeregtheiten um die Prager Ereignisse wieder hineinspielen. Da es in dem Stück auch um Besetzung eines Landes und die Niederschlagung des Widerstands geht, fürchtete man wohl in der Chefetage des Fernsehens einen Vergleich mit der aktuellen Situation und wollte die Wiederholung absagen. Das war der Weigel zu Ohren gekommen, und sie bestellte den Intendanten des Fernsehfunks, Heinz Adameck, in ihr Büro. Sie fragte ihn nach den Gründen der Absetzung, um ihn dann, da er nichts Plausibles vorbringen konnte, in unserer Gegenwart herunterzuputzen. Sie verwahre sich dagegen, dass ein Brechtstück verboten werde, sagte sie, und beendete damit unmissverständlich das Gespräch. Der Genosse Adameck zog kleinlaut ab, und die Wiederholung der Sendung fand statt.

Was Medizin nicht heilt, heilt Eisen

Als Benno Besson im September 1969 die Volksbühne am Luxemburgplatz als Künstlerischer Leiter übernahm, war das Theater vollkommen heruntergewirtschaftet und ohne Publikum.

Den Schweizer Besson hatte Brecht 1949 nach Berlin geholt, wo er bis 1958 am Berliner Ensemble als Schauspieler und Regisseur tätig war. Nach Brechts Tod hatten die Regisseure Wekwerth und Palitzsch seinen Rauswurf provoziert. Nach einer längeren Zeit ohne feste Bindung holte ihn Wolfgang Langhoff ans Deutsche Theater, wo er sehr erfolgreich arbeitete. Geradezu legendär ist seine Inszenierung von »Der Frieden« von Peter Hacks nach Aristophanes. Das Publikum spendete der Aufführung bei der Premiere einen fünfundvierzigminütigen Applaus.

Wir mussten für die Volksbühne einen totalen Neuanfang organisieren. Besson hatte dazu Matthias und mich sowie den Regisseur Fritz Marquardt und eine Reihe erstklassiger Schauspieler engagiert.

Für eine unserer ersten Inszenierungen hatten wir Schillers »Die Räuber« ausgewählt. Das überwiegend blutjunge Ensemble betrat zu Beginn mit Trommeln und Transparenten die Bühne und skandierte »Was Medizin nicht heilt, heilt Eisen, was Eisen nicht heilt, heilt Feuer.« Es folgte eine wilde Szenenfolge, und die junge Truppe, sprühend vor Elan und Ausgelassenheit, riss das Publikum mit.

Leider gab es im Nachhinein wieder harsche Angriffe von Seiten der Kulturpolitik. Man warf uns allzu große Nähe zu den Geschehnissen der westdeutschen Studentenrevolte und ihrer Ausstrahlung nach dem Osten vor. Auch hätten wir das »klassische Erbe« beschädigt, indem wir den »vorbildlichen Helden« Karl Moor als Renegaten zeigten. Dabei waren wir doch nur den Intentionen Schillers gefolgt, der in einem geplanten zweiten Teil des Dramas Gleiches vorhatte.

Auch der Stadtschulrat von Ost-Berlin reihte sich in den Chor der Kritiker ein, indem er den Schülern verbot, die Aufführung zu besuchen. Das war uns zu Ohren gekommen, und wir baten um ein Gespräch, in dem wir die Gründe für das Verbot benannt haben wollten. Es geschah, wie oft in einem solchen Fall, dass der Genosse die Gründe nicht formulieren wollte oder konnte. Es bedrückte ihn wohl nur ein dumpfes Gefühl des Unbehagens. So blieb es nur bei dem Vorwurf: »Dass der Held, der Karl Moor, mit Stiefeln im Bett liegt, ist doch kein Vorbild für unsere Jugendlichen.« Aber »unsere Jugendlichen« kamen trotz des Verbotes in Scharen in die Vorstellung. Der Start der »neuen« Volksbühne konnte nicht besser sein.

Benno Besson war es gelungen, die Rechte für »Der gute Mensch von Sezuan« zu bekommen, waren die Brecht-Stücke doch dem Berliner Ensemble vorbehalten. Er hatte der Weigel versprochen, im Gegenzug eine Inszenierung an ihrem Haus zu machen. Ich glaube, es ging um Brechts »Turandot«. Aber es kam nie dazu.

Benno hat Stücke gern mehrmals inszeniert: »Sezuan« in den fünziger Jahren bereits in Rostock, dann am Berliner Ensemble, später noch einmal in Zürich und jetzt eben an der Volksbühne. Er holte für das Bühnenbild den damals noch völlig unbekannten Achim Freyer. Es war Freyers erste Arbeit am Theater, aber er prägte die starke Inszenierung Bessons entscheidend mit. Der Maler Freyer entwarf fantasievolle Masken und benutzte für die Szenerie moderne, damals noch ungewöhnliche Materialien. Die Aufführung mit Ursula Karusseit als Shen Te und Rolf Ludwig als Flieger begeisterte das Publikum und blieb lange im Spielplan.

Die Volksbühne rückte recht bald in den Mittelpunkt des Berliner Theaterlebens. Innerhalb des Hauses gab es allerdings ein Problem. Das Arbeitsrecht der DDR gewährte den Arbeitnehmern einen sehr weitgehenden Kündigungsschutz. Man musste schon die berühmten silbernen Löffel stehlen, um in Schwierigkeiten zu geraten. Es war nicht wie heute, wo Intendanten, wenn sie ein Theater übernehmen, ein ganzes Ensemble rausschmeißen können. Dieser Schutz, der eigentlich eine gute Sache war, konnte aber im Theater auch hinderlich sein. Als Besson die Volksbühne übernahm, fanden wir ein großes, über die Jahre angewachsenes, nicht gefordertes und ungleich besetztes Ensemble vor. So kam es, dass ein Teil der »alten« Mannschaft nur ungenügend beschäftigt werden konnte, was natürlich zur Unzufriedenheit bei den Betreffenden führte. Ein Problem, das nicht aufgelöst werden konnte.

Vielleicht eine unserer dichtesten und gelungensten Inszenierung machten wir zwei Jahre später mit Ibsens »Wildente«. Da der Hauptdarsteller nach drei Wochen Proben erkrankte, übernahm ich die Rolle des Hjalmar Ekdal. Wie hatten wunderbare Schauspieler für das Stück: Susanne Düllmann, Angelica Domröse, Rolf Ludwig, Günter Junghans. Die Rolle der Tochter der Ekdals spielte die jetzt fünfzehnjährige Simone Frost, die bereits als neunjährige das Schlüsselkind im »Brotladen« war. Sie war als Hedwig atemberaubend gut. Sie ergriff danach auch den Beruf der Schauspielerin und spielte bis zu ihrem frühen Tod unter anderem auch am Berliner Ensemble.

Finnische Freunde

Aus Helsinki kam ein Schreiben. Timo Bergholm, der Leiter des Finnischen Fernseh-Theaters, lud mich ein, ein deutsches Stück zu inszenieren. Ich wurde bei der Künstleragentur vorstellig und bat um die Genehmigung, ins »kapitalistische Ausland« reisen zu dürfen. Die Reise wurde genehmigt, die DDR hatte anders als zu anderen westlichen Ländern recht gute Beziehungen zum neutralen Finnland.

Ich flog nach Helsinki. Wir verabredeten den Zeitraum und entschieden uns für die Komödie »Bürger Schippel« von Carl Sternheim. Für die Komposition der Bühnenmusik schlug mir Timo Bergholm den Komponisten Toni Edelmann vor. Toni hatte deutsche Vorfahren, daher der für einen Finnen untypische Name. Er hatte an der Sibelius-Akademie in Helsinki studiert und war ein glänzender Klavierspieler. Mit Leidenschaft komponierte er Lieder und bat mich um Texte. Ich schrieb im Laufe unserer gemeinsamen Jahre eine ganze Reihe finnischer Lieder, hatte ich doch Land und Leute kennen und lieben gelernt. Toni schuf so wunderbare Kompositionen, dass ich ihn scherzhaft »meinen Schubert« nannte.

Ich konnte noch viele Finnen kennenlernen, und einige wurden zu meinen Freunden. Der für Finnland bedeutsame Regisseur Kalle Holmberg zählt zu ihnen. Mit ihm hatte ich ein Erlebnis, das viel über das Naturell des finnischen Menschen aussagt.

Mein Freund Kalle hatte mich zu einem Sommerurlaub auf seine kleine Insel Nulppo in Mittelfinnland eingeladen. Auf dem Eiland gab es keinen elektrischen Strom, dafür aber lange helle Abende, eine himmlische Ruhe und die alte Rauchsauna, vor der wir allabendlich ein kleines Feuer machten, um zum Wodka und Bier die berühmte Saunawurst zu braten.

Für den zweiwöchigen Aufenthalt abseits der Zivilisation hatten wir reichlich Ess- und Trinkwaren eingekauft und beluden damit ein kleines Boot, das auf einem Kanal in der Nähe der Ortschaft Mikkeli dümpelte. Den schnurgeraden Kanal säumte ein ebenso schnurgerader Pfad. Auf diesem sah ich während des Einladens unserer Vorräte in der Ferne einen kleinen Punkt, der größer und größer wurde, und schließlich stand da ein riesiger Mann in einem langen Mantel, mit Hut und Rucksack. Er sah zu uns herüber, blieb kurz stehen und sagte »Hei«. Mein Freund, der gerade ein Kästchen Bier auf dem Boot verstaute, blickte über die Schulter und gab ein freundliches, aber ebenso kurzes »Hei« zurück. Der Mann ging weiter und wurde auf dem geraden Pfad zur anderen Seite hin wieder zu einem kleinen Punkt. Irgendetwas verwunderte mich an der Situation, und ich fragte meinen Freund, ob er den Mann etwa kenne. »Ja«, antwortete er, »das ist mein Vater.«

»Das war aber ein äußerst üppiges Gespräch, das ihr geführt habt, mein Lieber«, gab ich überrascht zurück. »Ja«, konterte mein Freund in seiner gelassenen Art, »wir haben uns ja auch zwei Jahre nicht gesehen.«

Da fiel mir eine Bemerkung Brechts ein, der auf der Flucht vorm Anstreicher, wie er ihn nannte, einige Zeit im finnischen Exil zubrachte: »Die Finnen sind das einzige Volk in Europa, das in zwei Sprachen (die Landessprachen sind Finnisch und Schwedisch) zu schweigen versteht.«

*

Zwei Lieder für Toni

Der Himmel über Helsinki

Der Himmel über Helsinki
Ist meistens stumm und leer
Und wie ein Eisen schwer.

Der Himmel über Helsinki
Ist manchmal hell und froh,
Als wär er immer so.

Der Himmel über Helsinki
Ist meistens so wie heute.
Und drunter gehen Leute.

Der Himmel über Helsinki
Hört dann und wann im Schwingen
Ein altbekanntes Singen.
Da blitzt auch mal ein Messer,
Mit Blut schmeckt Feiern besser.
Doch aus der Ruhe bringt das nie
Den Himmel über Helsinki.

Der Himmel über Helsinki
Ist dann und wann ein Wiegen,
Ein in den Wolken Liegen.
Platzt eine Wolke auf,
Falln Kinder raus zuhauf.
Dabei fällt aus der Gleichmut nie
Der Himmel über Helsinki.

TagNacht, finnisch

Noch ist der Tag ein Tag fast.
Wir sitzen unter Bäumen.
Der See lädt ein zum Träumen,
Wenn du zum Träumen Lust hast.

Noch Tag und doch schon Nacht fast.
Die Sonne ist im Sinken.
Die Luft lädt ein zum Trinken,
Wenn du zum Trinken Lust hast.

Jetzt ist die Nacht die Nacht fast.
Die Sauna wird betrieben.
Und sie lädt ein zum Lieben,
Wenn du zum Lieben Lust hast.

Die Nacht ist jetzt ein Tag fast.
Und heiß sind die Piroggen.
Aus hartem, schwarzem Roggen,
Wenn du auf Roggen Lust hast.

Der Tag ist bei der Nacht zu Gast.
Du kannst es so beschreiben.
Kannst auch noch etwas bleiben,
Wenn du aufs Bleiben Lust hast.

Die Schlacht oder Besetzung nach Visa-Lage

Es war Gepflogenheit, die Theater anzuhalten, besondere Jahrestage mit besonderen Aufführungen zu begehen. So auch 1974 zum 25. Jahrestag der DDR. Meist entledigten sich die Theater der Aufgabe, indem sie Liederabende oder ähnliches veranstalteten. Wir sagten uns, nehmen wir die Sache doch mal ernst, und baten alle einschlägigen Schriftsteller, ihre neuesten Stücke aus den Schubfächern zu holen. So entstand das später als legendär bezeichnete »Spektakel«: Je elf Uraufführungen an elf Abenden mit Stücken von Volker Braun, Christoph Hein, Heiner Müller und anderen. In allen möglichen Räumen des Hauses wurde gespielt und auch um das Theater herum. Man riss sich um die Eintrittskarten, und jeder Abend wurde zu einem großen Fest.

Für die Eröffnung des Abends hatten wir einen kurzen, aber ungemein starken Text von Heiner Müller ausgewählt: »Das Laken oder Die unbefleckte Empfängnis«. Bereits 1952 gedruckt, aber nie aufgeführt. Das Kurzdrama wurde im großen Haus vor dem ganzen Publikum gezeigt, bevor man zu den anderen Aufführungen ausschwärmte.

Das Stück spielt 1945 in einem Berliner Luftschutzkeller, unmittelbar vor dem Einmarsch der Roten Armee. Wir hatten in großem Stil inszeniert, mit SS-Männern als Todesengel und Wagner-Musik.

Heiner Müller war von der Inszenierung so angetan, dass er uns eröffnete, er würde nun ein Theaterstück aufschreiben, dass er seit langem im Kopf habe. Er habe es nur deshalb noch nicht zu Papier gebracht, weil er nicht an eine Realisierung glaube. Nach dem Anschauen unserer Aufführung vom »Laken« sehe er nun aber eine Möglichkeit.

Ein knappes Jahr später brachten wir die Uraufführung von »Die Schlacht« auf die Bühne. Heiner schrieb dazu: »Mein erstes Stück an der Volksbühne war ›Die Schlacht‹, inszeniert von Karge und Langhoff ... Es gab wie üblich die Empfehlung, das Stück nicht zu machen, aber kein Verbot.«

»Die Schlacht« blieb neun Jahre im Repertoire der Volksbühne und wurde auch zu Gastspielen ins Ausland eingeladen. Wir spielten auch in Paris. Zu diesem Gastspiel kam es allerdings durch eine kuriose Geschichte: Wir waren vordem beim Festa de L'Unitá über italienische Dörfer getingelt. Kühnerweise hatten wir dazu unser »Kleines Mahagonny« inszeniert, das ja von den Weill-Erben nicht autorisiert war. So hatten wir auch auf dem Marktplatz von Certaldo, dem Geburtsort Boccaccios, unsere Bühne aufgeschlagen. Nach der Vorstellung erschien ein Mann, stellte sich als Mitarbeiter des italienischen Urheberrechtsbüros vor und wies uns darauf hin, dass das Werk nicht gespielt werden dürfe. Wir hatten Glück, dass Certaldo unser letzter Spielort der Tournee war und packten unsere Bühne ein. Aber, und nun kam das nächste Problem, wir hatten auch für Paris und die Fête de l'Humanité mit »Mahagonny« geplant. Was tun? Hatte uns der lange Arm des Urheberrechts doch sogar in der italienischen Provinz erhascht, wie konnten wir es wagen, ihn in Paris herauszufordern?

Wir fassten den verwegenen Plan, »Die Schlacht« ins Rennen zu schicken. Natürlich fragten wir uns, ob eine so diffizile Inszenierung auf einem Volksfest bestehen konnte. Und es gab noch ein anderes Problem. Es hatten ja nur die Schauspieler Aus- und Einreisevisa, die für »Mahagonny« vorgesehen waren. Neue Visa zu beantragen und zu bekommen war in der Kürze der Zeit unmöglich. Wir konnten das Problem nur lösen, indem wir einen Teil der Rollen von »Schlacht« umbesetzten, eine Besetzung nach Visa-Lage sozusagen.

Nun, wir besetzten um, wir fuhren nach Paris, und wir siegten. Die Vorstellung auf dem Festplatz von Le Bourget wurde ein triumphaler Erfolg und markierte gewissermaßen den internationalen Durchbruch Heiner Müllers als Dramatiker.

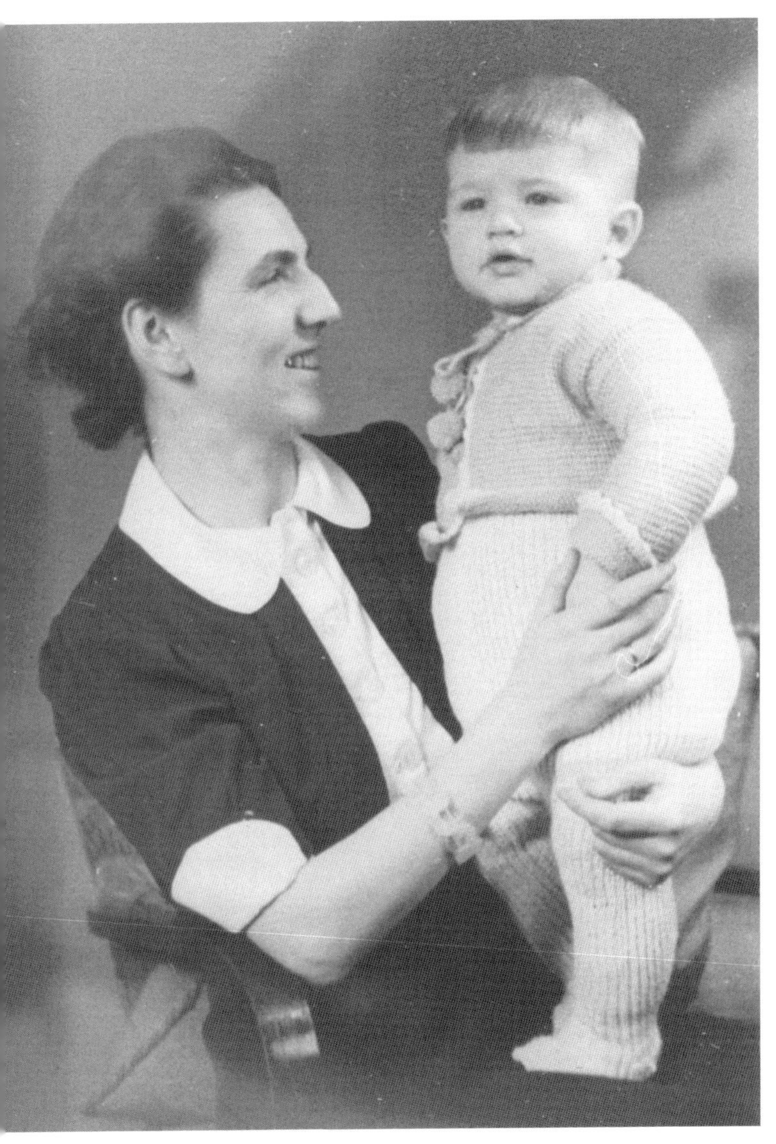

Mit meiner Mutter Ella, 1940

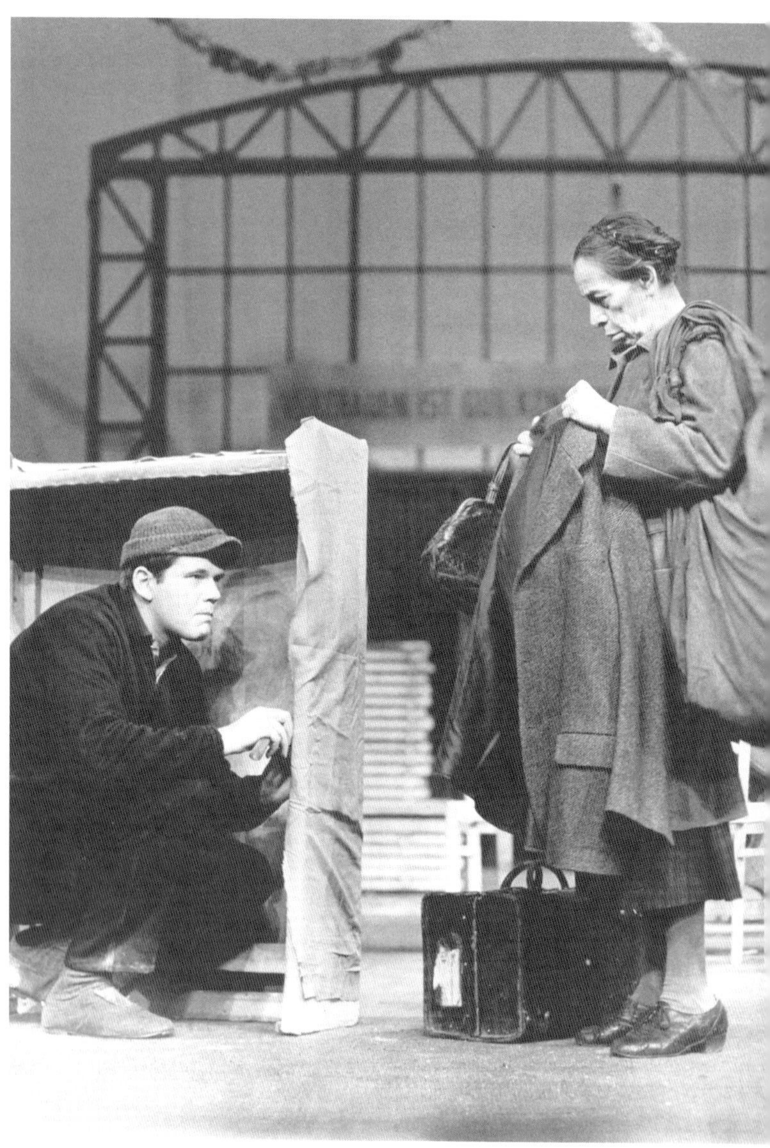

Mit Helene Weigel in »Frau Flinz«, BE 1961

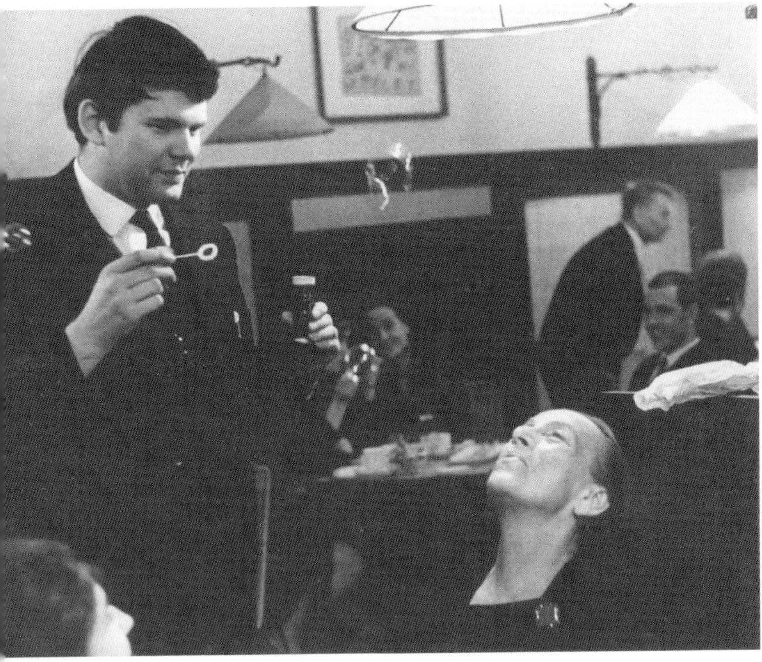

Mit Helene Weigel in der Kantine des BE

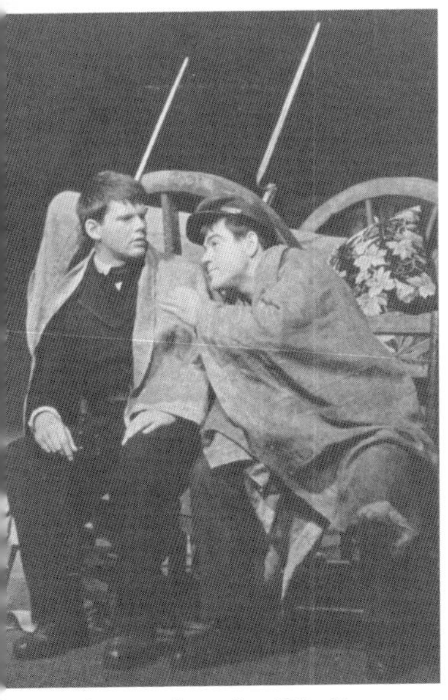

Mit Hilmar Thate in »Die Tage der Kommune«, BE 1962

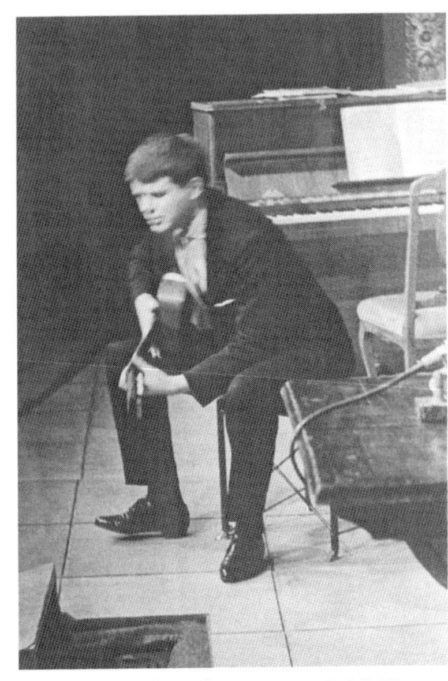

In Brechtabend Nr. 1, BE 1962

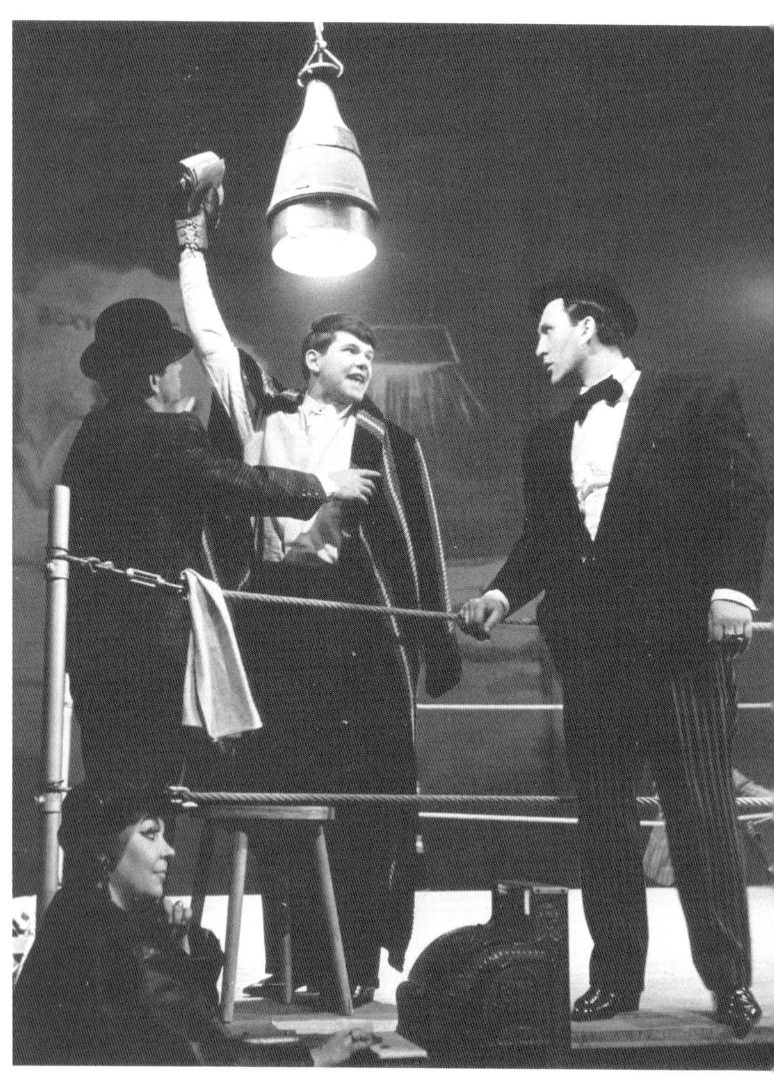

Mit Hilmar Thate und Günter Naumann in »Mahagonny«, BE 1963

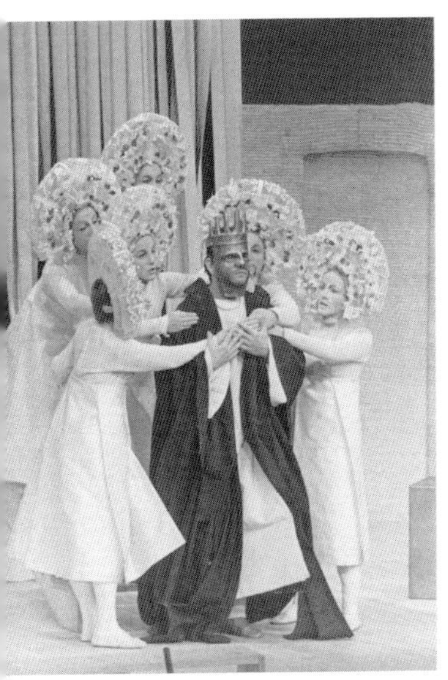

Hilmar Thate und Chor in »Sieben gegen Theben«, BE 1968

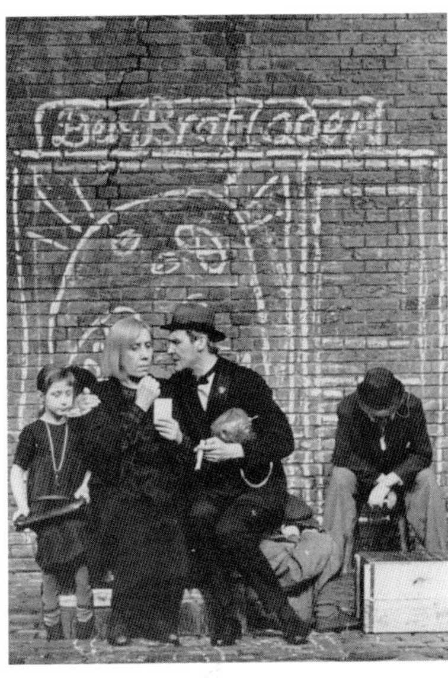

Simone Frost, Agnes Kraus, Peter Kalisch in »Der Brotladen«, BE 1964

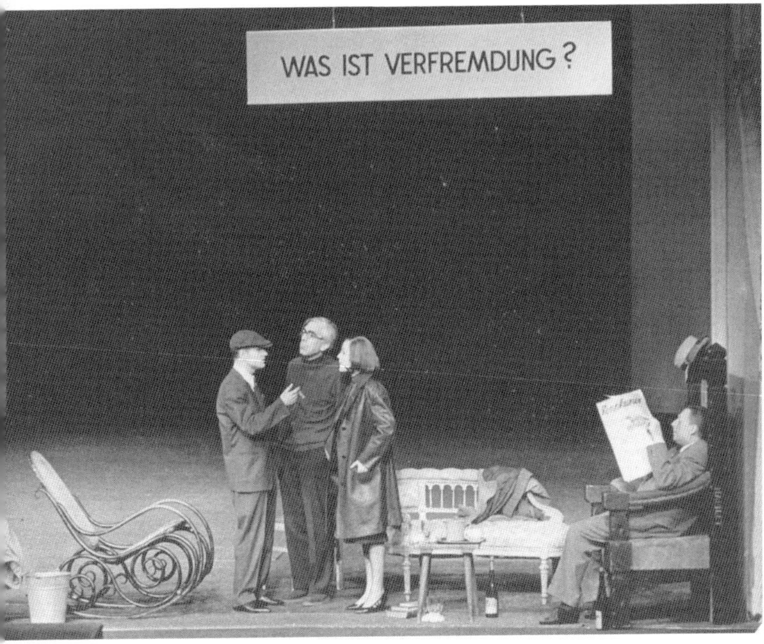

WAS IST VERFREMDUNG?

Ekkehard Schall, Willi Schwabe, Gisela May, Wolf Kaiser in »Der Messingkauf«, BE 1963

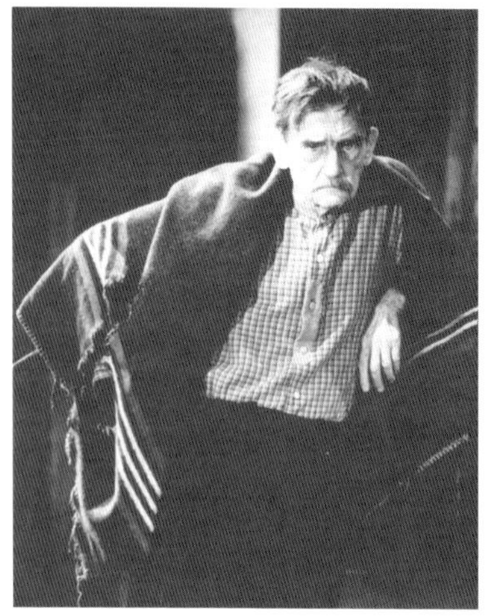

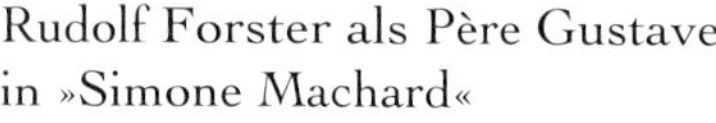

Rudolf Forster als Père Gustave in »Simone Machard«

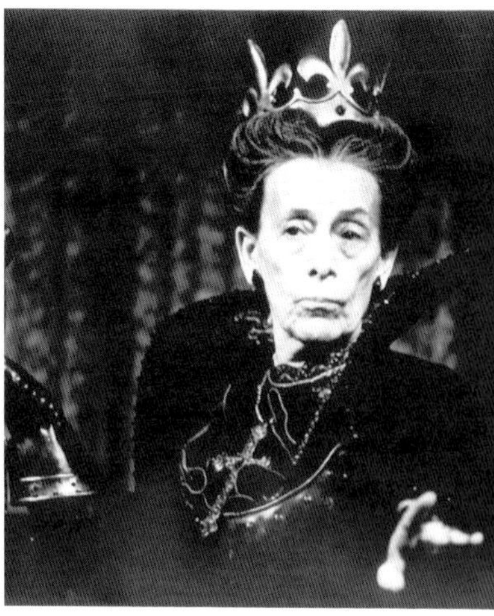

Helene Weigel als Königsmutter Isabeau in »Simone Machard«

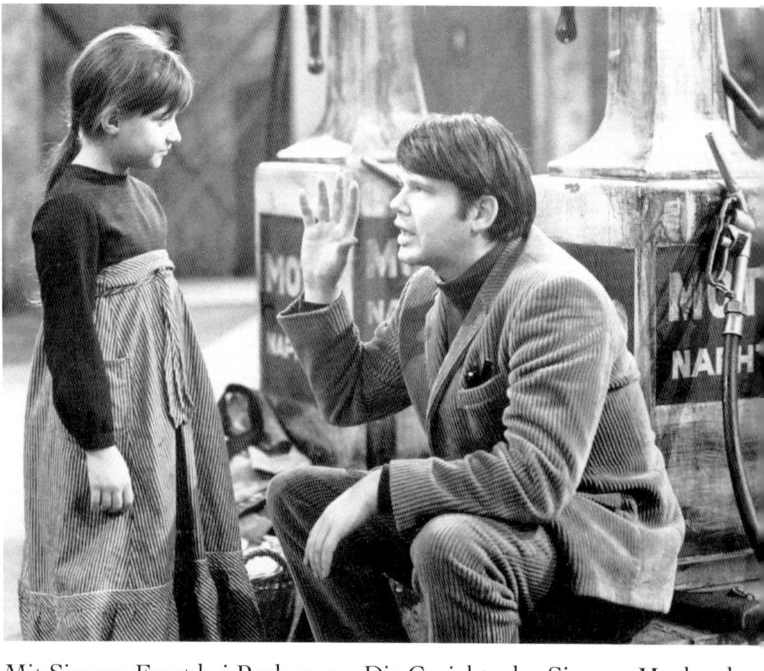

Mit Simone Frost bei Proben zu »Die Gesichte der Simone Machard«, Fernsehfunk 1968

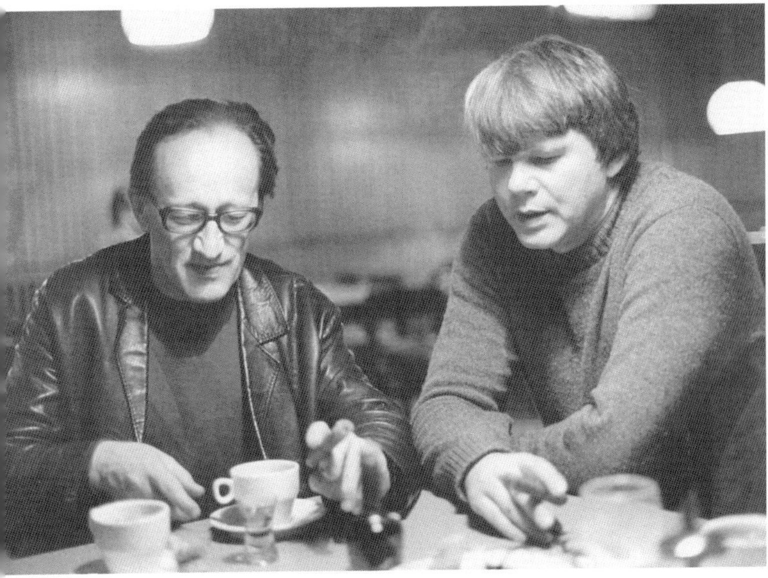

Mit Heiner Müller in der Kantine des Schauspielhauses Bochum, 1981

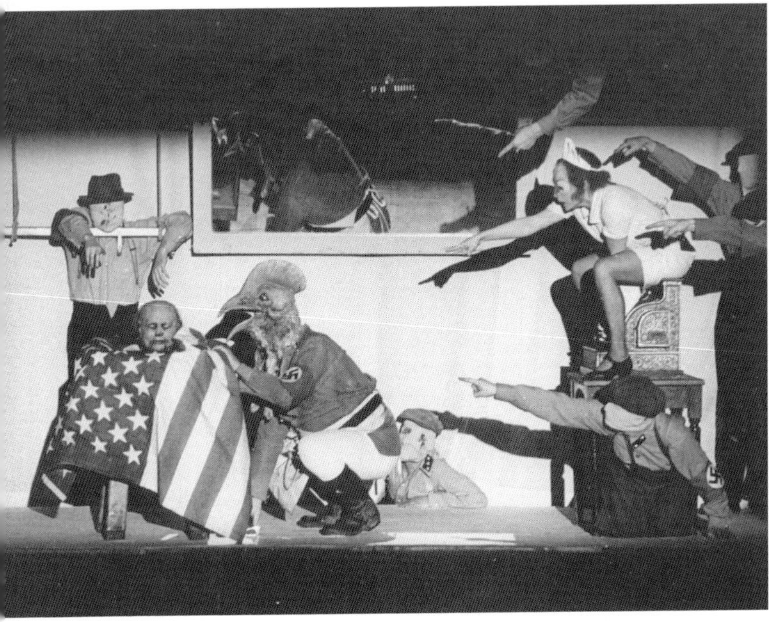

»Die Schlacht«, Volksbühne 1975

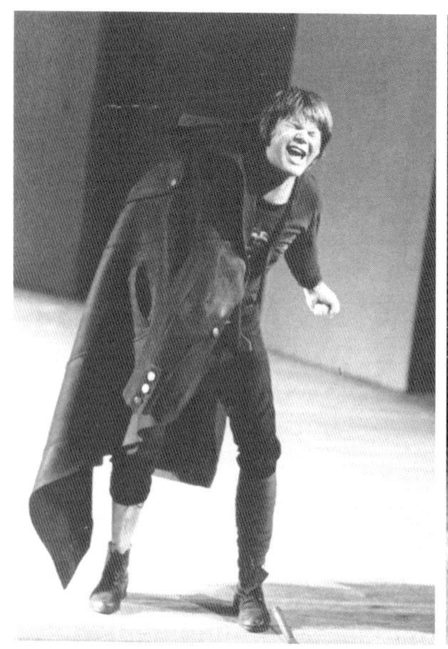

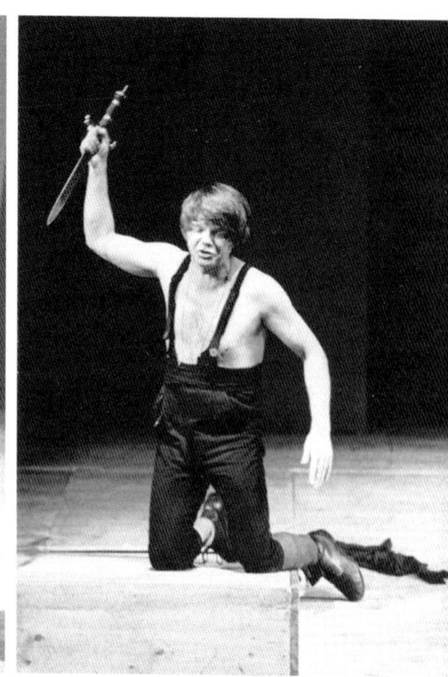

Als Hamlet

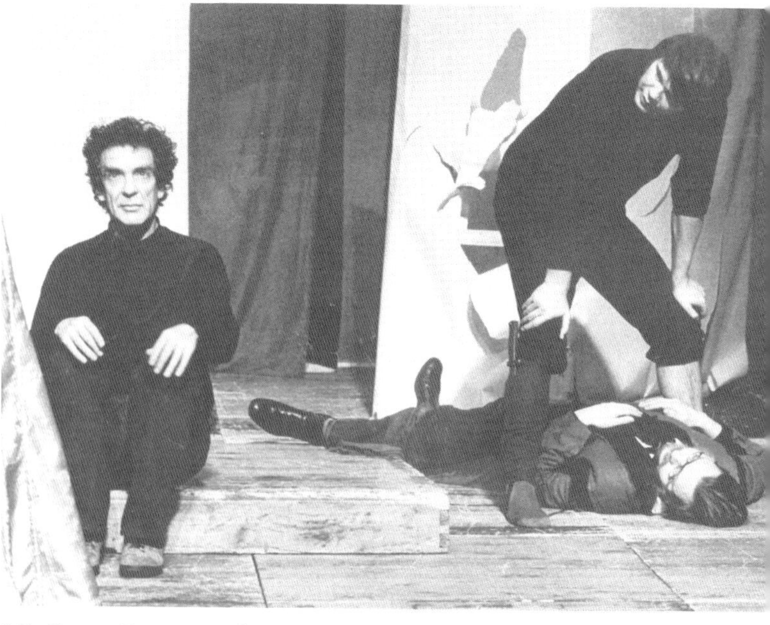

Mit Benno Besson und Günter Junghans bei der Probe zu »Hamlet«, Volksbühne 1976

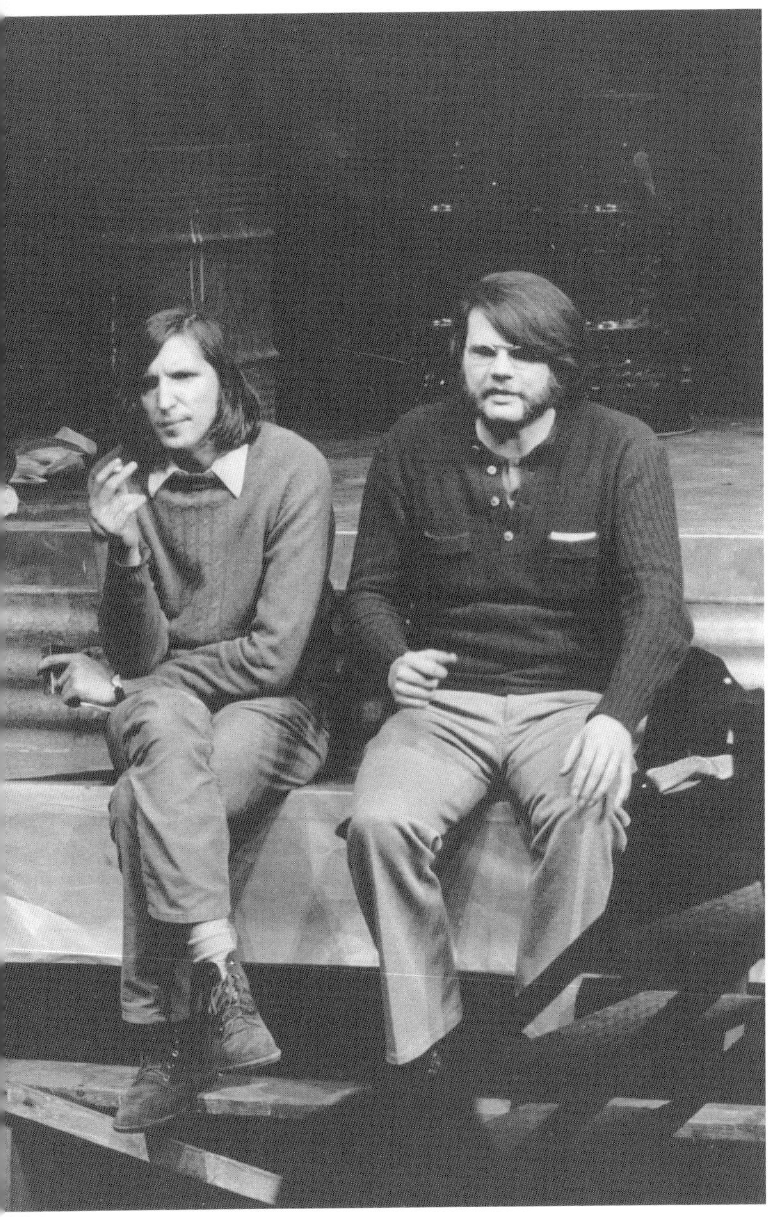

Mit Matthias Langhoff bei der Probe zu »Der Brotladen« im Théâtre de Aubervilliers, 1972

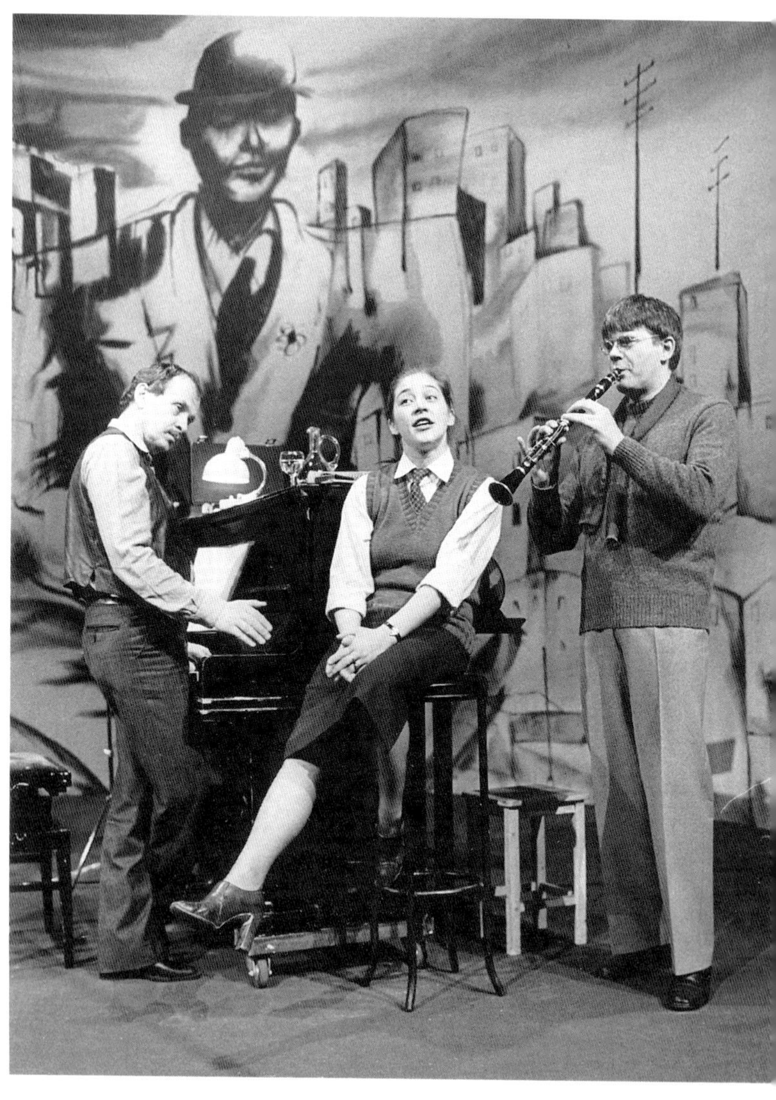

Mit Alfons Nowacki und Lore Brunner in »Lasst euch nicht verführen«
im Schauspielhaus Bochum, 1980

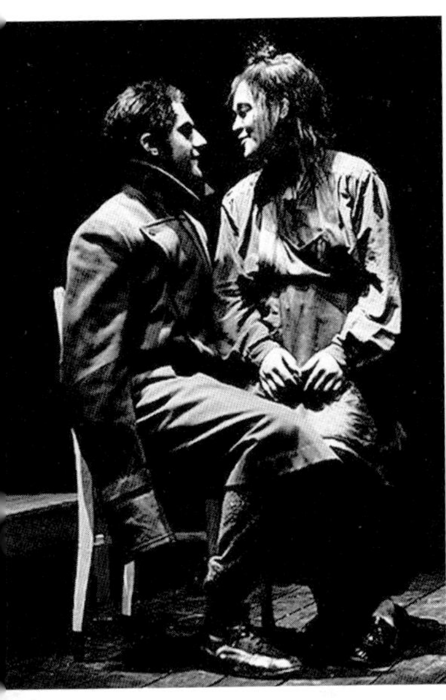

Lore Brunner mit Otto Kukla »Die Mutter«, Bochum 1983 und Wien 1986

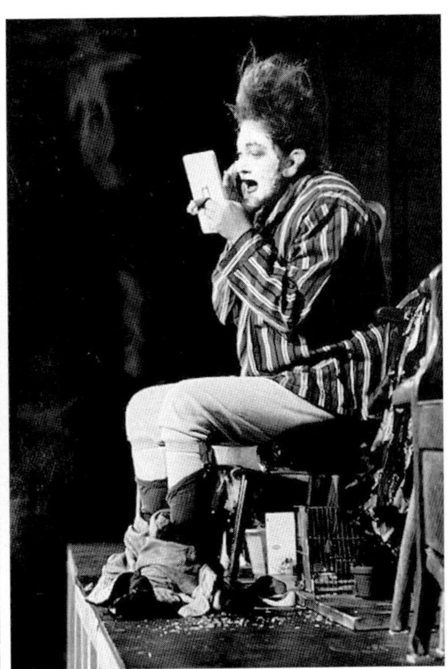

Lore Brunner in »Jacke wie Hose«, Bochum 1982

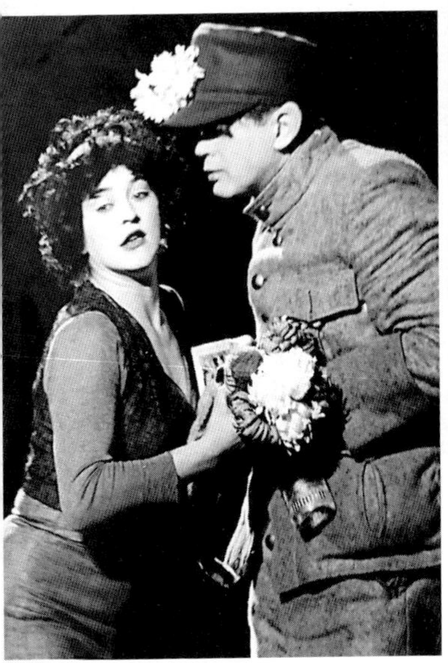

Mit Lore Brunner in »Marie. Woyzeck«, Bochum 1980

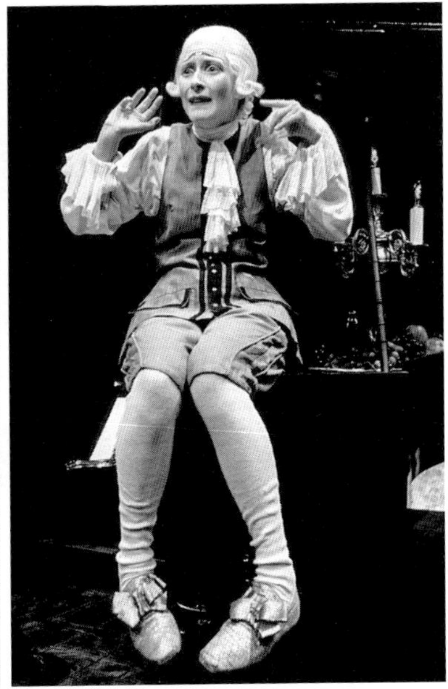

Tilda Swinton in »Mozart und Salieri«, Tournee Wien/Berlin/London 1989

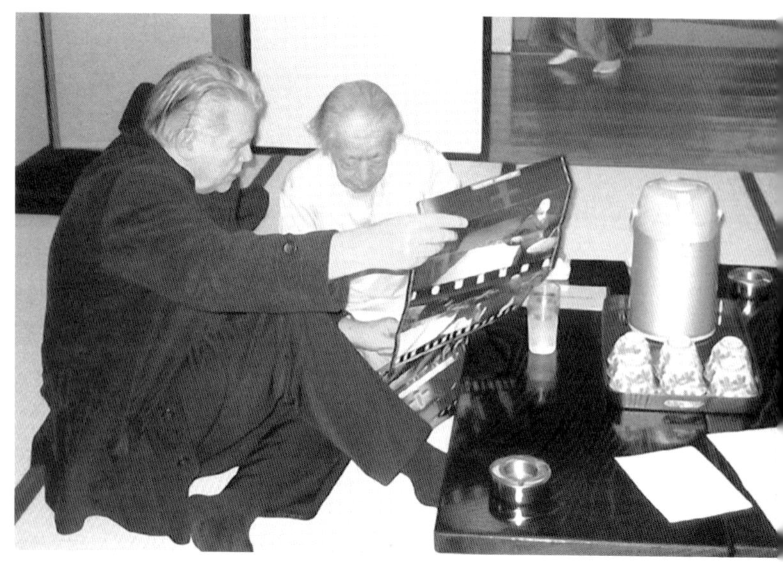

Mit Hideo Kanze, Tokio 2004

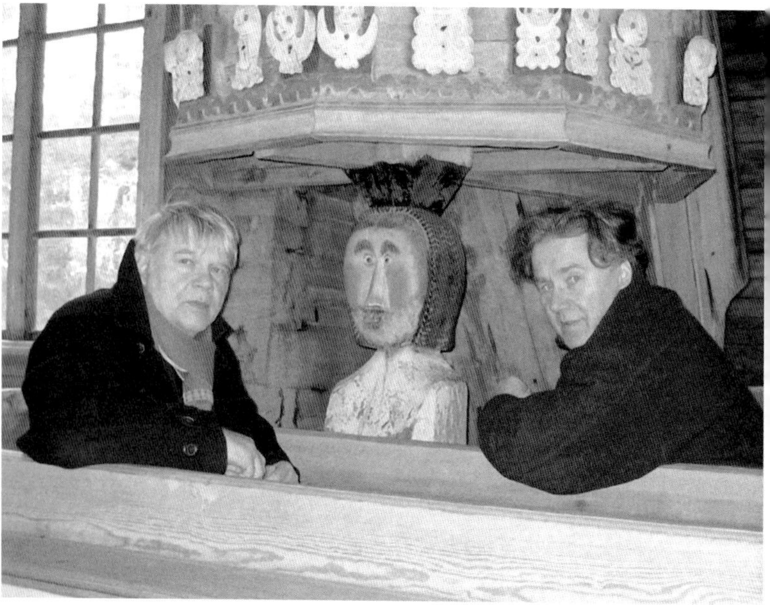

Mit Toni Edelmann, Petäjävesi 1997

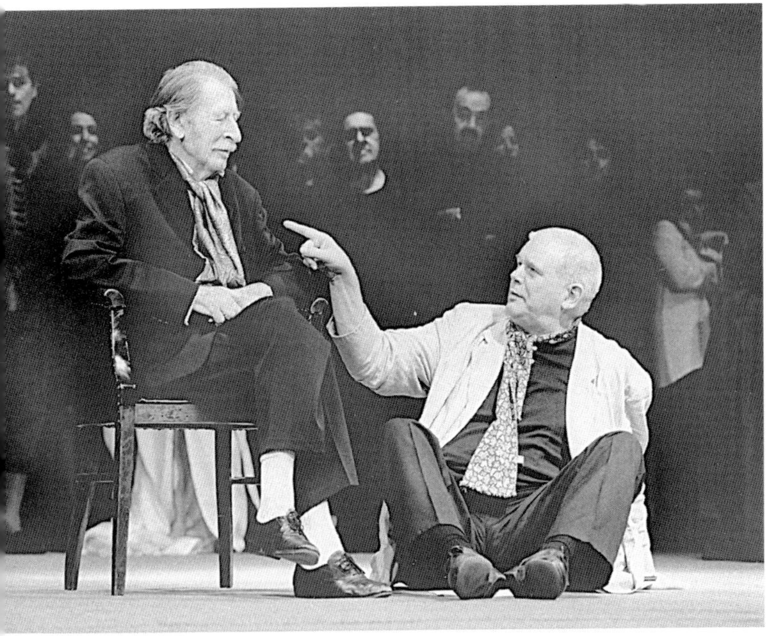

Mit George Tabori, Wien 1984

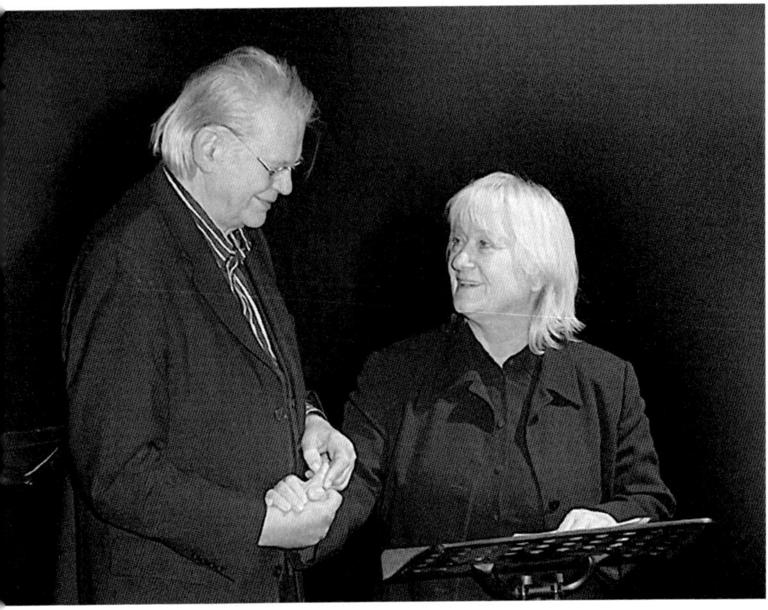

Mit Carmen-Maja Antoni, Berlin 2013

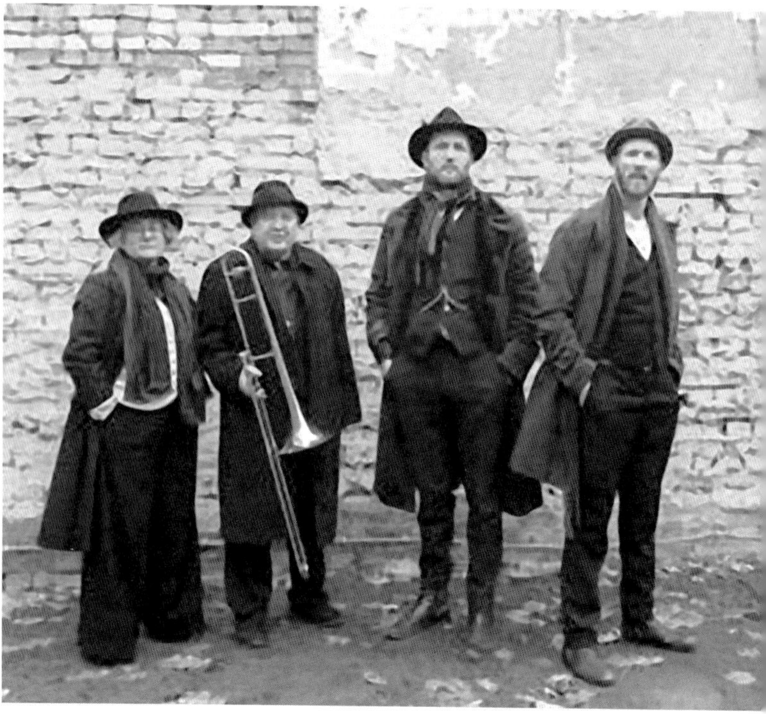

Die Gruppe »Der Kreis« (Brunner, Behrsing, Dwinger, Tittel), 2022

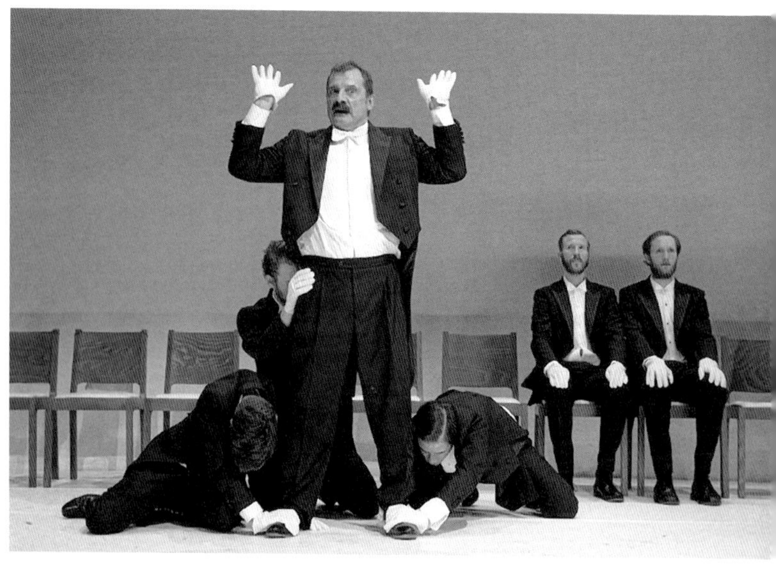

»Die Griechen« von Volker Braun, BE 2016

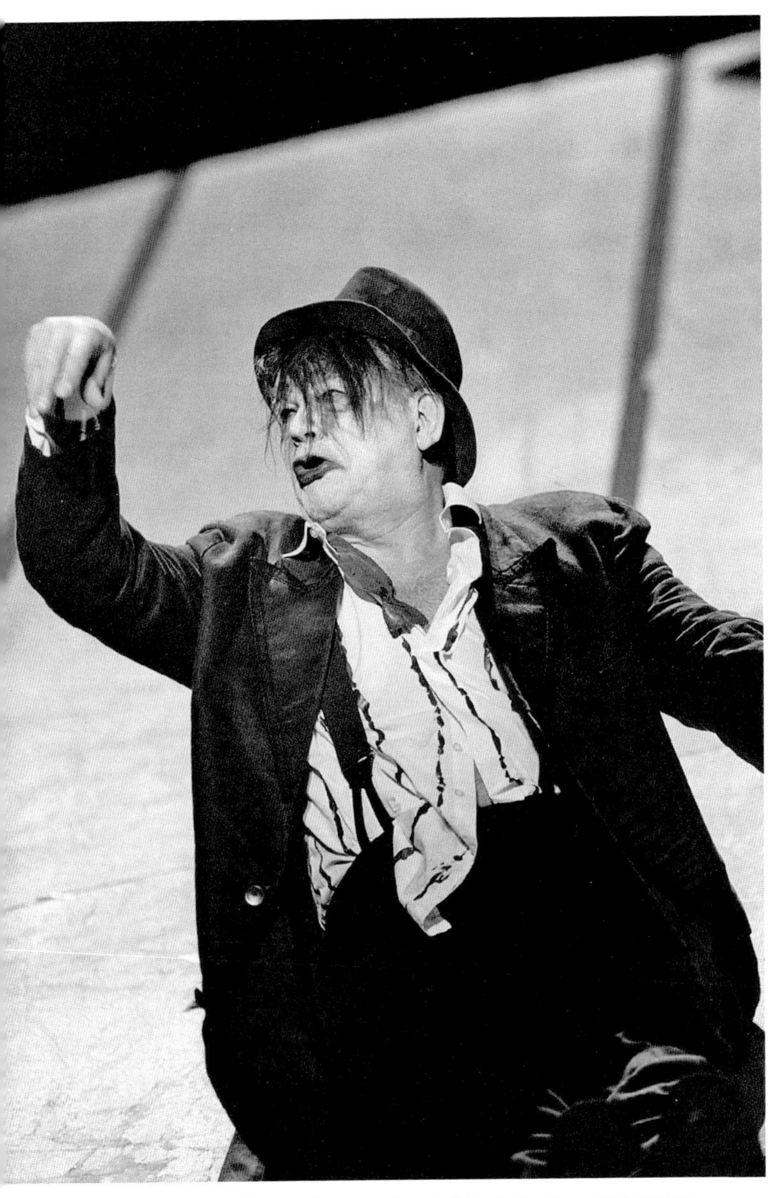

Als Mauler in »Die heilige Johanna der Schlachthöfe«, BE 2003

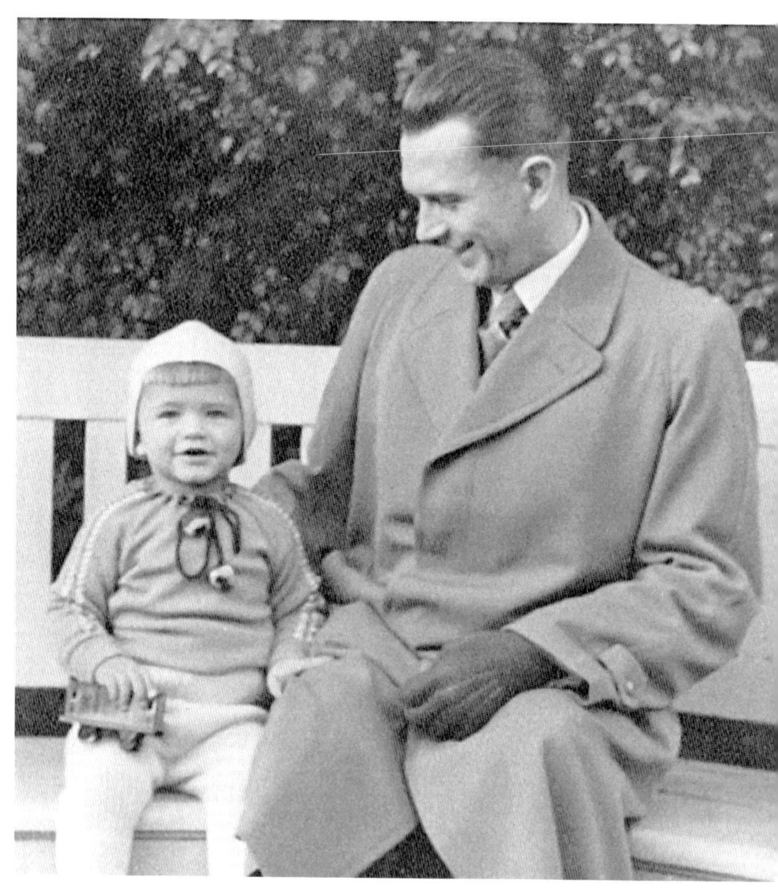
Mit meinem Vater Max, 1940

Nachts in Angelsbruck

»Uraufführung eines Stückes von Peter Hacks ... Karge hatte in der Aufführung etwas allgemein Bekanntes in feinen Terzinen aufzusagen.« Diese Sequenz notierte Heinar Kipphardt am 26. Dezember 1978 in seinen »Traumprotokollen«. Kipphardt hat über mehrere Jahre hinweg seine Träume aufgeschrieben. In ihnen vermischen sich Privates und Öffentliches. Meine Begegnungen mit ihm hatten auch immer etwas Traumatisches.

Heinar Kipphardt übersiedelte 1950 von Westdeutschland nach Ost-Berlin, wo er eine Stelle als Arzt – er war Neurologe und Psychiater – an der Berliner Charité antrat. Seine Beweggründe für diesen Schritt lagen auch in der Enttäuschung über die restaurativen Tendenzen in der westdeutschen Gesellschaft. Er, der auch schriftstellerisch arbeitete, lernte bald den Intendanten des Deutschen Theaters, Wolfgang Langhoff, kennen, der ihn als Dramaturgen, später als Chefdramaturgen engagierte. Kipphardt trat in die SED ein und wurde für sein satirisches Lustspiel »Shakespeare dringend gesucht« mit dem

Nationalpreis ausgezeichnet. Das Stück setzte sich kritisch mit der Kulturpolitik und der Situation an den Theatern in der DDR auseinander. Nach dem ungarischen Volksaufstand von 1956 verschärfte die Partei ihre Politik gegen kritische Köpfe, und auch Kipphardt geriet zunehmend ins Kreuzfeuer. Die Angriffe gegen ihn wurden so heftig, dass er seine Stellung am Deutschen Theater aufkündigte und die DDR 1958 verließ. Erst zur Beerdigung seines Freundes Wolfgang Langhoff im Jahr 1966 durfte er »ausnahmsweise« in Ost-Berlin einreisen.

Ende der siebziger Jahre besuchten Matthias und ich Kipphardt und seine Frau Pia in ihrer Strommühle Angelsbruck im bayerischen Fraunberg. Nach dem Abendessen ging Kipphardt mit mir ins Freie. Es war eine sternenklare Nacht, weit und breit keine Menschenseele. Wir gingen eine Zeit schweigend nebeneinander, plötzlich blieb Kipphardt stehen, drängte sich an mein Ohr und flüsterte: »Stimmt das, ihr habt politische Schwierigkeiten?«

Er hätte seine Frage auch lauthals hinausschreien können, niemand hätte ihn gehört. Aber so tief saßen seine unguten Erinnerungen an die Ost-Berliner Jahre, dass er auch hier im tiefsten Oberbayern in finsterer Nacht in menschenleerer Landschaft glaubte, flüstern zu müssen.

*

Brief von Kurt Hager, Mitglied des Politbüros des ZK der SED

Werte Genossin Weigel, Sie haben sich wegen einer Aufenthaltsgenehmigung für Herrn Kipphardt und für Herrn Uwe Johnson an mich gewandt (...) Ich halte es nicht für möglich, dieser Bitte zu entsprechen. Beide Herren haben die Deutsche Demokratische Republik ohne staatliche Genehmigung verlassen. Die gegnerische Presse hat seinerzeit diesen Schritt (...) gegen uns ausgenutzt. Weder Herr Kipphardt noch Herr Johnson haben meines Wissens seitdem ihre Republikflucht als falsch bedauert. (...) Es liegt daher meines Erachtens kein Grund vor, jetzt so zu tun, als ob nichts geschehen sei. (...)
Mit besten Grüßen
Kurt Hager

Der Prinz

MUSS JA PROBIEREN

Als Besson den »Hamlet« inszenierte, hatte er Robert Weimann, Autor von »Shakespeare und die Tradition des Volkstheaters«, zur Mitarbeit eingeladen. Besonders interessierte ihn die Deutung der Vice-Figur. Shakespeare hatte die in den Mysterienspielen populärste Figur des Teufels weiterentwickelt. Diese Figur wandte sich direkt ans Publikum und suchte es zu seinem Komplizen zu machen. Darüber sprachen wir, als Benno mir anbot, den Hamlet zu spielen.

Als ich Benno fragte, welche Übersetzung er spielen lassen wolle, sagte er, die von Hamburger und Dresen. Zufällig kannte ich sie und entgegnete, dass ich sie nicht so schätzte. Er entgegnete apodiktisch: »Sie ist gut.«

Die Proben begannen. Benno arbeitete viel mit Ursula Karusseit, die die Gertrud spielte, auch mit den anderen Schauspielern, behandelte mich jedoch einige Zeit recht stiefmütterlich. Als ich ihn darauf ansprach, antwortete er ziemlich unwirsch: »Natürlich musst du probieren, du bist ja der Prinz. Der Prinz muss ja probieren.«

Man muss wissen, dass es das Thema »Herr und Knecht« war, das in seiner Arbeit immer im Mittelpunkt stand. Und natürlich galt seine Sympathie immer dem Knecht, nicht dem Herrn. Der Prinz kam dann aber nach einiger Zeit auch zu seinem Recht.

Nach etwa drei Wochen Probenarbeit wartete Benno mit einer Überraschung auf. Er teilte uns mit, dass er mit der Übersetzung unzufrieden sei und Heiner Müller bitten wolle, das Stück neu zu übersetzen. Heiner machte sich, assistiert von Matthias, an die Arbeit.

Wir probierten mit dem Hamburger-Dresen-Text weiter und lernten währenddessen die neue Übersetzung. Man kann sich vorstellen, was das für die Schauspieler bedeutete! Aber schließlich kam alles zu einem guten Ende. Der »Hamlet« wurde zu einem bravourösen Erfolg und zum krönenden Abschluss der Arbeit von Benno Besson an der Volksbühne.

Unsere letzte Inszenierung an dem Haus hingegen nahm ein böses Ende. Matthias und ich hatten uns für den »Bürgergeneral«, ein kleines Nebenwerk des großen Goethe, entschieden. Das Stück spielt in einem deutschen Kleinstaat während der französischen Revolution.

Die Bevölkerung, im Besondern der Bauer Märten, fürchtet, die Revolution könne auch ihren Landstrich erreichen. Diese Furcht nutzt ein gewisser

Schnaps, der Barbier des Dorfes, für seine Schurkereien aus. Er, der durch Zufall in den Besitz einer Jakobiner-Uniform gekommen ist, gaukelt dem Bauern vor, gute Beziehungen zu den Aufständischen zu haben, ja, sie hätten ihn zum »Bürgergeneral« ernannt. Der Bauer Märten ist ein ums andere Mal bereit, bare Münze an den Schurken zu zahlen, um sich, im Falle der Revolution, seiner zu versichern.

Neben einer ganzen Reihe von Anspielungen, die das Stück bot, ließen wir den Edelmann, den Herrn im Ort, sächsisch sprechen und pflanzten einen Freiheitsbaum in den Zuschauerraum. Als zum Beatles-Song »Back in the USSR« auch noch Flugblätter aus dem Rang geworfen wurden, verließ der Partei-Chef von Berlin Konrad Naumann mit seiner Gattin türenknallend den Saal.

Aber unser Schicksal und das des Theaters war bereits vordem besiegelt. Das Kulturministerium hatte den Spielplan für das kommende Jahr kassiert, worauf Besson den Bettel hinwarf. Er ging nach fast dreißig Jahren in die Schweiz zurück. Und auch wir sahen keine Möglichkeit mehr, unsere Arbeit in Berlin fortzusetzen. Was wir schmerzvoll zurückließen, war ein wunderbares Publikum, das mit uns zusammen die acht Jahre Volksbühne zu einer großen Theaterzeit gemacht hatte.

Entscheidung bei Cognac und Salzstangen

Als Kulturminister zählte Hans-Joachim Hoffmann zu den »Liberalen« in der Regierung. Während der Ära Gorbatschow unterstützte er 1988 mit einem Interview in der westdeutschen Theaterzeitschrift »Theater heute« den Kurs der Perestroika. Politbüromitglied Kurt Hager drängte ihn daraufhin zum Rücktritt. Hoffmann ließ sich aber nicht einschüchtern. Man sagte ihm auch nach, er hätte sich in vielen Fällen, soweit es in seiner Macht stand, schützend vor zu Unrecht kritisierte Künstler gestellt.

Der Minister lud uns im Herbst 1977 zu einem Gespräch ins Ministerium am Molkenmarkt. Auf dem Tisch stand das obligate Menu, bestehend aus Salzstangen und Cognac, am Fenster saß der obligate zeitunglesende Mann. Minister Hoffmann sprach freundlich und sehr offen mit uns. Er wollte wissen, warum wir die Volksbühne verlassen hätten und ob es Pläne für unsere weitere Arbeit gäbe. Seine offene Art ermutigte uns, ebenso offen zu sprechen. Wir sagten ihm, dass wir es als vollkommen unzumutbar fänden, wie bestimmte tonangebende Leute mit der Volksbühne umgegangen wären, was schließlich zu Bessons Kündigung und somit auch zu unserer geführt habe. Wir sähen zur Zeit jedenfalls keine Möglichkeit, in Berlin zu arbeiten. Als das Gespräch auf die Ausbürgerung Wolf Biermanns kam, gab uns Hoffmann zu verstehen, dass er die Sache und wie sie gelaufen wäre nicht gut fände. Auch bedauere er den darauf erfolgten Weggang von wichtigen Schriftstellern und Schauspielern.

Bei solchen Äußerungen schauten wir unwillkürlich zum Mann am Fenster hinüber. Das Gespräch dauerte so an die vier Stunden und endete mit dem Vorschlag Hoffmanns, wir könnten für einige Zeit ins Ausland gehen und dort arbeiten. Die dazu nötigen Unterlagen könnten wir uns in drei Tagen bei der dafür zuständigen Mitarbeiterin abholen. Salzstangen und Cognac waren auch aufgebraucht, und der Mann am Fenster faltete seine Zeitung zusammen.

Nach den drei Tagen hatten wir die Visa in der Hand. Sie galten für drei Jahre.

Anarchisches in Hamburg

Auf der Suche nach einem neuen Theater: Zwischenstation Hamburg Schauspielhaus. Intendant Ivan Nagel hat uns eingeladen, den Kleistschen »Prinz von Homburg« zu machen. Wir schlagen ihm ein Doppelprojekt Homburg/Fatzer vor. An das heißgeliebte »Fatzer-Fragment« darf Hand angelegt werden, es gab die Erlaubnis der Firma Brecht-Erben, und Heiner Müller fertigt eine Fassung an.

Während wir mit Nagel Einzelheiten besprechen, erfahren wir, dass Giorgio Strehler, der italienische Meister-Regisseur, im Hause ist. Er inszeniert Brechts »Der gute Mensch von Sezuan«. Da wir Strehler gut kennen, bitten wir ihn, bei der Probe zusehen zu dürfen. So können wir etliche Schauspieler des uns unbekannten Ensembles kennenlernen. Dabei kommt es zu einer kuriosen Situation: Im Beisein des Intendanten rät uns Strehler ab, hier zu arbeiten.

Er ist über verschiedene Unzulänglichkeiten in der Organisation und der Technik des Theaters verärgert. Intendant Nagel versucht die Situation wegzulächeln und verspricht Strehler Besserung. Nun, wir lassen uns nicht entmutigen.

Nach einer Probe mache ich mit Heiner Müller Hamburg unsicher. Nach einer Nacht auf der Reeperbahn wird am frühen Morgen der Staatsfeind Nummer 1, der Biermann, herausgeklingelt, und man verbringt einen geschlagenen Tag mit Gespräch und Getränk. Von der Nacht auf St. Pauli existiert eine Fotografie, sie zeigt die Nachtschwärmer in den Fängen eines Mönchengladbacher Damenkegelvereins.

Wir stellten mit Homburg und Fatzer preußischen Gehorsam und anarchistischen Eigenwillen gegenüber. Es ist die aufgeregte Zeit der Baader/Meinhof, und das »Fatzer-Fragment« bringt den Hamburger Intendanten in Schwierigkeiten. Dramaturg Storch hat im Programmheft Texte von RAF nahestehenden Personen abgedruckt. Nagel greift zur Schere und schneidet die unliebsamen Passagen aus dem Programm eigenhändig heraus.

Ein Eis-Kunst-Läufer-Drama

Claus Peymann und sein Ensemble saßen schon auf gepackten Koffern, als wir 1979 beim Staatstheater Stuttgart anklopften. Peymann hatte im Theater zu Spenden für die in Stammheim einsitzende RAF-Aktivistin Gudrun Ensslin aufgerufen. Es ging um die Bezahlung einer Zahnarztbehandlung und weitete sich zu einer Affäre aus. Der Ministerpräsident und Alt-Nazi Filbinger veranlasste die Entlassung Peymanns als Künstlerischer Leiter des Schauspielhauses.

In dieser Situation erschienen wir in Stuttgart. Wir hatten nach einem Theater gesucht, das in seiner Struktur von Ensemble und Spielplangestaltung unseren Vorstellungen entsprach. Peymann hatte in Stuttgart so exzellente Arbeit geleistet, dass er sofort Angebote von anderen Theatern bekam. Er ging mit einem Teil seines Ensembles an das renommierte Bochumer Schauspielhaus und lud uns zu einer Zusammenarbeit dorthin ein.

Unsere erste Inszenierung galt dem Eis-Kunst-Läufer-Drama »Lieber Georg«, welches unser Freund

Thomas Brasch eigens für uns geschrieben hatte. Das Stück ist keine Biografie des 1912 auf der Havel beim Eislaufen ertrunkenen Dichters Georg Heym. Brasch montiert in kurzen Szenen Traum- und Zerrbilder auch des eigenen politischen und kulturellen Lebens. Thomas hatte sich gewünscht, dass ich den Heym spiele. Schlittschuhlaufen konnte ich aus meiner Jugendzeit noch, denn wir ließen das Stück wahrhaftig auf einer künstlichen Eisfläche spielen. Meine Partnerin auf dem Eis war die wunderbare Schauspielerin Lore Brunner, die meine Lebensgefährtin werden sollte. Die Inszenierung wurde zu einem Ereignis, vielleicht der größte Erfolg für Thomas Brasch auf dem Theater.

Im Sommer kam Matthias in die Toskana, wo ich im Sommerdomizil von Manfred Krug Urlaub machte. Er hatte ein längeres Papier im Gepäck, ein Konzept für Büchners Woyzeck mit dem Titel »Sehnsucht nach einem Theater des Asozialen«. Das war ein prächtiger Ansatz für unsere nächste Inszenierung.

Auch hier stand ich wieder auf der Bühne. Wir nannten Büchners Stück »Marie.Woyzeck«, da alle Figuren durch ihr Verhältnis zu Marie bestimmt sind. »Alles zielt auf das Sexualproblem innerhalb einer Männergesellschaft.«

Auch hier war Lore Brunner wieder meine Partnerin. Büchners Szenenfolge zeichnet einen Weg von Liebe, Eifersucht und Mord. Den Schluss des

Geschlechterkampfs beschrieb Rolf Michaelis in der »Zeit«: »In Bochum endet das Spiel mit dem einsilbig vieldeutigen ›So‹, das der klatschnass aus dem Teich watende Woyzeck (Manfred Karge) nach einer langen Pause spricht, in der er das Wasser aus den Schuhen gekippt, aus dem Anzug gewrungen, aus den Haaren geschüttelt hat. Kein Gedanke mehr an Selbstmord, an Schuld.«

*

Lore Brunner stammte aus dem kleinen Ort Mölbling in Kärnten. Sie war über die Grazer Schauspielschule ans Theater Basel gekommen. Dort debütierte sie mit der Rolle der Christine in Schnitzlers »Liebelei«. Hermann Beil, Chefdramaturg in Bochum, der damals zum Baseler Ensemble gehörte, schrieb in seinem Buch »Theaternarren leben länger« über das Debüt der Brunner: »›Ich will dort nicht beten – nein‹ – mit diesem Satz stürzte eine gewisse Lore Brunner voll flammender Empörung von der Bühne der Basler Komödie und zugleich kopfüber in ein großes, heftiges, leidenschaftliches Theaterleben hinein.«

Jacke wie Hose

Inzwischen hatte mich die Brunner gefragt, ob ich ihr bei der Suche nach einem geeigneten Stück behilflich sein könne. Sie, die beflissene Ensemble-Spielerin, wollte den Versuch unternehmen, auch einmal allein auf der Bühne zu stehen. Für mich, der ich nichts Geeignetes fand, sollte es der Beginn eines neuen Arbeitsfelds werden. Ich beschloss, selbst ein Theaterstück zu schreiben und suchte nach einem Sujet. So entstand »Jacke wie Hose«, das Stück, das um die Welt gehen sollte.

IRGENDWANN

Irgendwer erzählt mir irgendwo die Geschichte einer jungen Frau, die in der Zeit der großen Weltwirtschaftskrise den Versuch unternahm, die Arbeitsstelle ihres verstorbenen Mannes zu retten, indem sie durch Verkleidung und andere Täuschungen die Rolle des Verstorbenen übernahm. Der Versuch sei allerdings schnell gescheitert. Eine Zeitungsnotiz hätte den Vorfall öffentlich gemacht.

SPÄTER

Bei der Lektüre von Brechts Kurzgeschichte »Der Arbeitsplatz« entdecke ich, dass auch ihm, Brecht, das Geschehnis bekannt geworden war.

FRÜHJAHR 1982

Als die Brunner mich bittet, für sie ein Stück zu schreiben, erinnere ich mich des Falls und beschließe, ihn zum Plot einer Theatergeschichte zu machen. Es soll eine »deutsche Biografie« werden, ein Monolog, in dem sich die letzten Jahrzehnte deutscher Geschichte widerspiegeln. Die Theaterliteratur verschiedener Epochen kennt zwar die »Hosenrolle« aus erotischen, meines Wissens nicht aus sozialen Gründen.

15. DEZEMBER 1982

Das Stück wird mit der Brunner in der Rolle des Max Gericke in den Kammerspielen des Schauspielhauses Bochum unter meiner Regie uraufgeführt.

INZWISCHEN

Das Stück ist in verschiedene Sprachen übersetzt und wird in vielen europäischen Ländern und in Übersee nachgespielt. Die Brunner gastierte mit ihrer Auslegung der Rolle auf Bühnen in aller Welt. In England entsteht auch ein Film mit Tilda Swinton als Max Gericke.

26. JANUAR 1987
Durch einen Zufall erhalte ich die Kopie der Zeitungsnotiz, auf die das Sujet des Stückes zurückgeht. Nach Jahren sehe ich mit Erschütterung in das Gesicht der Frau, deren Tat mich so tief berührt hatte. Mit Erstaunen lese ich, dass es ihr gelang, ihre »Rolle« zwölf Jahre zu spielen. Ich hatte es nur als Recht der Literatur angesehen, eine Täuschung so perfekt und ausdauernd zu zeigen.

VIEL SPÄTER
Erhalte ich Kenntnis von der Biografie der Marie Einsmann, die in Mainz als der fleißige Arbeiter, fürsorgliche Familienvater und Sänger im Kirchenchor als Joseph Einsmann lebte und dort mit einer Frau, die zwei Kinder mit in die Ehe brachte, verheiratet war.

Seit 2020 gibt es in Mainz einen Maria-Einsmann-Platz.

Lasst euch nicht verführen

In Dachsberg, in einem großzügigen Schwarzwaldhaus, wälzten Edith Heerdegen, Lore Brunner und ich zahlreiche Brecht-Bände. Wir lasen uns gegenseitig Gedichte und Liedtexte vor und diskutierten das eben Gelesene. Claus Peymann hatte mir vorgeschlagen, einen Abend mit Liedern und Gedichten von Brecht zu inszenieren, und Edith hatte eingeladen, ein paar Tage in ihrem Haus im Schwarzwald zu arbeiten. Edith, die zierliche, ältere Dame, war Peymann nach Bochum gefolgt, nachdem sie über dreißig Jahre am Staatstheater Stuttgart engagiert war und sogar den Titel »Württembergische Staatsschauspielerin« trug. Edith war eine Seele von Mensch, zart und bescheiden, konnte aber auch resolut werden, wenn es die Situation verlangte.

Als wir das Programm im Groben zusammengebastelt hatten, machten wir die Probe aufs Exempel und trugen es vor. Unser einziger Zuhörer war Herr Böhm – Otto Böhm, der Ehemann Ediths und Chef eines traditionsreichen Stuttgarter Feinkostgeschäfts. Er staunte nicht schlecht, was dieser Brecht, den er nur vom Hörensagen kannte, da so alles über das menschliche Zusammenleben und auch über den Kapitalismus zu sagen hatte.

Mit dem so verfertigten Programm fuhren wir nach Bochum. Nun galt es, einen Musiker zu finden. Da kein geeigneter Musiker am Haus war, wies mich Peymann auf einen gewissen Alfons Nowacki hin, der in Essen am dortigen Theater tätig war. So lernte ich Alfons kennen, mit dem mich eine lebenslange Freundschaft und Arbeitsbeziehung verbinden sollte.

Alfons Nowacki, der im Ruhrpott in einer Bergarbeiterfamilie aufgewachsen ist, spielte schon im zarten Alter von neun Jahren die Orgel in der heimatlichen Dorfkirche und studierte Dirigat und Klavier an der renommierten Musikhochschule in Detmold. Nach dem Studium tourte er mit einem Theaterunternehmen durch Südamerika und ging dann ans Essener Theater, wo er bis zu seiner Pensionierung tätig war. Wie Alfons erzählte, sahen die Eltern äußerst skeptisch auf den Werdegang ihres Sprösslings. Als er ihnen aber seinen ersten Arbeitsvertrag vorlegen konnte, in dem schwarz auf weiß stand, dass er als Musiker auch Geld verdiente, waren sie deutlich erleichtert.

Das Engagement in Essen hinderte Alfons nicht daran, als Gast auch an anderen Theatern zu arbeiten. Er reiste gern, war gesellig und großzügig. Zuweilen arbeitete Alfons zu viel. Er konnte nicht nein sagen und war ständig in Terminnöten. Als wir später in Wien arbeiteten, flog er oft von dort nach Deutschland und zurück, um seinen Verpflichtungen nachzukommen. Da kam es zu einer kuriosen Episode. Ich rauchte Zigarillos der Sorte »Lonja Dannemann«. Weil sie in Wien schwer zu bekommen waren, bat ich Alfons des Öfteren, sie mir mitzubringen. »Denk an Lonja Dannemann!« Um ihn daran zu erinnern, rief ich an und sprach auf den Anrufbeantworter: »SOS Lonja Dannemann.« Alfons, der, wie gesagt, meist im Stress war, dachte, eine Schauspielerin hieße so und er habe vergessen, ihr ein Lied zu schreiben. Mit schlechtem Gewissen wegen des vermeintlichen Versäumnisses kam er nach Wien zurück und war heilfroh, als ich das Missverständnis auflöste.

Wir stellten ihm also unser Brecht-Programm vor, und Alfons, der glänzende Begleiter am Klavier, arbeitete mit uns an dem Abend, dem wir den Titel »Lasst euch nicht verführen« gaben.

In den folgenden Jahren war Alfons mein ständiger Mitarbeiter. Er komponierte die Bühnenmusiken und hatte einen ausgesprochenen Instinkt für das Theatermachen im Ganzen. Wir arbeiteten nach Bochum auch in Wien, Berlin, Genf, Tokio und beim Kunstfest Weimar zusammen. Für Inszenierungen wie »Totenauberg« von Jelinek und »Leben des Galilei« von Brecht hatte er mit seinen Kompositionen eine bestimmte Art von Melodramatik entwickelt, die den Abend weitgehend mitformte.

Viermal Heiner Müller

»Mir sind eigentlich am liebsten Regisseure, denen ich ein Stück einfach gebe und dann gibt es ein paar Gespräche und dann weiß ich, dass die das auf ihre Weise, sicher anders als ich es mir vorstelle, aber auf ihre Weise gut machen und zum Beispiel Karge und Langhoff, da hab ich das Gefühl, ich kann mich darauf verlassen.«

In der Theaterkantine von Bochum schiebt Heiner Müller einen Zettel über den Tisch, den erbetenen Beitrag für ein Spektakel à la West. Ein kurzes Drama mit dem Titel »Herzstück«. Der erste Satz von sechzehn: »Darf ich Ihnen mein Herz zu Füßen legen?«

Uraufführung von »Herzstück« am 8. November 1981 um 0.37 Uhr nachts auf dem Theatervorplatz. Kleine Schneeflocken tanzen vom Himmel. Am Flügel ein Mann im Frack. Er intoniert Schubert. Ein Bus hält, ein Mann im Trenchcoat, Geigenkasten im Arm, entsteigt, nähert sich dem Musizierenden. Er lauscht dem vorzüglichen Spiel. Dann nimmt er sein Instrument aus dem Kasten und stimmt in das Spiel des anderen ein. Schubert schwingt über den nächtlichen Platz. Auf den Stufen des Theaters versammeln sich die Besucher, die soeben die letzte Vorstellung im Haus verlassen haben. Dann bricht die Musik ab, und der Geigenspieler mit Bewunderung: »Darf ich Ihnen mein Herz zu Füßen legen?«

Der Mann am Flügel ist der wunderbare, viel zu früh verstorbene Gottfried Lackmann. Sein Bewunderer, der ebenfalls schon verstorbene Urs Hefti. Das Ganze ist der Epilog zum Spektakel »Unsere Welt« vom Schauspielhaus Bochum.

*

Bochum 1982. Bald klopft die Schauspielschule der Stadt an. Die Studenten bekommen »Die Schlacht« von Heiner Müller in die Hand und den Mund nicht wieder zu.

Szenen aus Nazi-Deutschland. In Schreckensbildern zeigt Müller, wie die Menschen ums Überleben kämpfen. Sind sie dabei zu allem fähig? Zu Verrat, Denunziation, Kannibalismus, Folter, Mord? Wie spielt man das? Mit welchen Mitteln versucht man das darzustellen? Wie versuchen die jungen Menschen, die in der Bundesrepublik aufgewachsen sind, sich einem so extremen Stoff zu nähern? Wie soll man mit ungewöhnlichen szenischen Formen umgehen? Was wissen die Schüler und Schülerinnen der Westfälischen Schauspielschule über die Nazi-Vergangenheit?

Heiner Müller besucht die Proben und erzählt, wie und warum die Szenen entstanden sind. »Ich habe die meisten dieser Szenen angefangen zu schreiben als eine unmittelbare Reaktion auf Erlebnisse, Erfahrungen. Das war ziemlich früh, Anfang der fünfziger Jahre. Ich hatte damals keine Vorstellung davon, wie man so etwas auf dem Theater machen kann, auch keine Vorstellung von einer Dramaturgie für solche Szenen.«

In den Diskussionen bemerke ich, dass die jungen Leute recht wenig über die Nazi-Zeit wissen, weit weniger, als es bei Gleichaltrigen in der DDR der Fall ist. Umso wichtiger ist unsere Arbeit an dem Stück, denn draußen auf den Straßen sieht man nicht selten Glatzköpfe, die in Springerstiefeln herumziehen. In unserer Aufführung ist es nur eine kleine hölzerne Nachbildung des Reichstags, die im Kellertheater abbrennt. Und zu den lodernden Flammen sind es nur Schauspieler, die das Deutschland-Lied grölen.

*

Ein gutes Jahr später. Heiner Müller kommt nach Bochum und liest uns sein neuestes Stück vor. »Verkommenes Ufer. Medeamaterial. Landschaft mit Argonauten«. Ein Triptychon geheimnisvoller Bilder. Die Zuhörer wie der Ochs vorm neuen Tor. Ächzend setzt sich die Sprechmaschine in Gang und wirft die

Bilder über halb Europa. Ein von düsteren Visionen geprägter Abgesang auf die westliche Zivilisation. Drei Personen sind im Spiel, die Kindsmörderin Medea, die Amme und Jason, der treulose Ehemann. Leseprobe. Die Spielerin der Amme, eine herrlich verrückte Person, ist hellauf begeistert. Die großartige Schauspielerin, die mit der Medea besetzt ist, hält sich sichtlich zurück. Als wir auf die Bühne gehen wollen, erklärt sie, sie spiele die Rolle nicht. Der Intendant erklärt ihr, sie sei ideal für die Rolle und müsse sie spielen. So kommt sie pünktlich zu jeder Probe, beteiligt sich aber nicht. Jason und die Amme spielen alle möglichen Situationen durch und tun alles, um sie einzubeziehen. Eines Tages geht sie auf die Bühne, probiert und wird eine großartige Medea in einer gefeierten Aufführung. Die Gründe für die Verweigerung haben wir nicht und werden sie nie erfahren. Sie müssen, da bin ich mir sicher, schwerwiegend sein.

*

Zwei Jahre später. Seit langem spricht Heiner von einer Übermalung des Shakespeare. »Titus Andronicus« als Nord-Süd-Stück, Zusammenprall europäischer und tropischer Politik. Immer wieder fehlt ihm der zwingende Anlass, an die Arbeit zu gehen. Auch Laotse benötigte seinen Zöllner. Weiß der Teufel, wie es gelang, aber 1985 gibt es den größten Teil von

»Anatomie Titus Fall of Rome. Ein Shakespeare-Kommentar«. Wir können an die Arbeit gehen. Aus einem Hotel unweit des Ruhrstadions, hochgepeitscht von den Sprechchören der VfL-Fans, werden die noch fehlenden frischen Verse direkt in den Probensaal geschickt. Die Leichen sind nicht mehr zählbar. Da ich den Afrikaner Aaron spiele, schickt Heiner mich mit der Replik »Der Neger ist sein eigener Regisseur« in den Ring.

Die Erfindung des Playback

Der amerikanischen Komponist Stanley Walden war nach Bochum gekommen, um für eine Inszenierung von George Tabori die Musik zu machen. Nachdem er eine Vorstellung von »Jacke wie Hose« gesehen hatte, sprach er mich an. Er wolle gern in Deutschland ein Musical komponieren und fragte mich, ob ich Zeit und Lust hätte, einen Text dafür zu schreiben. Stanley hatte mit »Oh! Calcutta!«, einer lang gespielten, hoch erotisierten Revue, die von dem Engländer Kenneth Tynan verfasst war, Furore gemacht. Ich sagte zu und machte mich recht bald an die Arbeit, da ich ein Sujet für eine fiktive Story im Kopf hatte.

Die Tingeltangel-Sängerin Claire, angelehnt an die berühmte Claire Waldoff, soll von den Nazis vor ihren Karren gespannt werden. Goebbels, der in sie verliebt ist, nimmt sich der Sache persönlich an. Sie verweigert sich aber und geht in den Untergrund. Der Propagandaminister erfindet daraufhin schlankweg das Playback, verkleidet sich in die beim Volk so beliebte Chansonette und tritt als Claire auf. Dabei wird er von Karl Valentin, der Tontechniker im Linden-Kabarett ist, in die Luft gesprengt.

Stanley gefiel die Story, und wir machten uns an die Arbeit. Zuerst in Bochum, dann in Fishkill, Connecticut, wo Stanley wohnte. Mehrmals fuhren wir nach New York und studierten die einschlägigen Musical-Produktionen. Ich staunte nicht schlecht über die technische Perfektion der Aufführungen, hatte aber bei all dem Aufwand immer den Eindruck von einem »toten« Theater. Im Frühjahr 1985 begannen die Proben. Eine so große Produktion war auch für das Bochumer Theater ein rechter Kraftakt. Es brauchte zusätzliche Schauspieler und ein großes Orchester. Das Theater krachte aus allen Nähten, aber der Erfolg heiligte die Mittel. Das Publikum dankte dem Theater für diese ungewöhnliche Arbeit.

Zu guter Letzt nahm der WDR »Claire« in sein Programm auf, nachdem der Kölner Sender zuvor schon unsere Aufführungen von Büchners »Marie.Woyzeck« und Tschechows »Kirschgarten« aufgezeichnet und gesendet hatte.

*

Die Erfindung des Playback

GOEBBELS singt

Wird ein Mensch uns überdrüssig
Machen wir ihn überflüssig.
Ganze Generationen
Werden uns den Einfall lohnen.
Her die Kehle, her die Kunst!
Weg ihn, der die Kunst verhunzt!
Kühn ist diese Prozedur
Denn hier geht's ja um Kultur.
Bleiben uns die Engelszungen,
Wenn die Engel längst entsprungen.
Und für diesen Kunstverstand
Schüttle ich mir selbst die Hand.

Nimmt eine Claire-Platte

Die Stimme eingepresst
In schwarze Masse
Soll sich befreiend ergießen,
So als käme aus meiner Kehle sie.
Und jeden fasse Erschütterung.
Und das Auge füllt die Träne.
So trennen wir den Körper von der Seele.
Und ohne Murren singt für uns die Kehle.

Das Ende von Karge/Langhoff

Mein Freund Matthias Langhoff, der als Kind
Die ersten Schritte seines jungen Lebens
In dem Exil, dem schweizerischen, machte,
Der Vater Kommunist, die Mutter Jüdin,
Wuchs nach dem Krieg zum Mann heran
Im neuen Staat der Arbeiter und Bauern.
Und ihn, den Sohn des so berühmten Vaters,
Zog es nach Umwegen auch ans Theater.
Dort trafen wir uns, und gemeinsam machten
Wir uns auf unsern Weg gut zwanzig Jahr.
Nach all den Siegen und auch Niederlagen,
Verwaist der Stuhl nun neben mir. Der Freund
Nun Einzelkämpfer so wie ich.

Ich wurde oft gefragt, wie eine solche Zusammenarbeit funktioniert, welchen Nutzen man aus ihr ziehen kann. Nun, besonders in den jungen Jahren kann man sich gegenseitig den Rücken stärken. Aber vor allem muss man Wertungen und Entscheidungen nicht mit sich allein im stillen Kämmerlein austragen. Ähnlich wie es Heinrich von Kleist in seinem

Aufsatz »Über die allmähliche Verfertigung der Gedanen beim Reden« anrät, kann man Probleme, deren man in der Meditation nicht Herr wird, beim Sprechen lösen. So kann man die eigenen Ideen formulieren und sie dann diskutieren. Neue Vorschläge werden gemacht, und man muss wiederum gute Argumente finden, um sie gegebenenfalls gegen den anderen durchzusetzen. Es bedarf allerdings einer tiefen Freundschaft, um Auseinandersetzungen auszuhalten. Schlüssig lässt sich die Frage nach einer solch engen künstlerischen Liaison aber nicht beantworten. Es beibt da auch immer ein Geheimnis.

Für Dritte, vor allem für die Schauspieler, war es natürlich oft gewöhnungsbedürftig. Dennoch ist mir nicht erinnerlich, dass sich ein Schauspieler oder eine Schauspielerin nicht auf unsere Arbeitsweise einstellen konnte. Im Gegenteil, ich glaube, sie erkannten, welchen Vorteil es bringt, einem Team – und nicht nur einem Charakterkopf – gegenüberzustehen.

Das Ende unserer Zusammenarbeit verlief völlig geräuschlos. Es gab da keinen »Krach«, wie mancher vermutete. Wenn es auch seltsam klingen mag, aber so selbstverständlich, wie wir uns zusammengetan hatten, so selbstverständlich gingen wir auch auseinander. Was blieb, war unsere Freundschaft bis auf den heutigen Tag.

Entdeckung nach fünfundsiebzig Jahren

1986. Ein Abstecher nach Köln. Klaus Pierwoß, den Intendanten des Kölner Schauspielhauses, kannte ich schon seit seiner Tübinger Theaterzeit. Dort war es nicht zu einer Zusammenarbeit gekommen.

Allerdings begegnete ich in Tübingen den Gründern des Theaters Lindenhof, Bernhard Hurm und Uwe Zellmer. Das Theater Lindenhof ist das älteste Regionaltheater Deutschlands und befindet sich auf der schwäbischen Alp in dem kleinen Ort Melchingen. Bei einem Spaziergang auf dem berühmten Tübinger »Dichterweg« besprachen wir den Plan, Schillers »Räuber« auf die Bühne zu bringen. Hurm und Zellmer hegten seit längerem den Wunsch, im Theater Lindenhof, das sich im Besonderen auch der Literaturlandschaft Schwabens verpflichtet fühlt, Schillers Jugendwerk im Spielplan zu haben. Ich erfüllte den Wunsch gern und hatte eine schöne Zeit auf der Alp. Zum Publikum des Theaters zählten auch viele Studenten und Professoren der nahegelegenen Universitätsstadt Tübingen. Ich erinnere mich eines Gesprächs mit dem sprachgewaltigen Literaturhistoriker und Schriftsteller Walter Jens. Wir unterhielten uns über das Schwäbische bei Schiller, wobei Jens sich als exzellenter Kenner der Materie erwies.

Aber zurück nach Köln. Pierwoß bot mir an, in jeder Spielzeit eine Inszenierung bei ihm zu machen. Er war ein Freund klarer Worte und liebte genaue Planung. Er war einer der Intendanten, die ganz in der Leitung des Theaters aufgingen und nicht auch als Regisseur tätig waren. Einmal hat er sein Prinzip allerdings durchbrochen, was prompt schief ging. Er stürzte, als er auf die Bühne ging, in den Orchestergraben. Glücklicherweise kam er mit ein paar Prellungen davon und begab sich danach nie mehr auf fremdes Terrain.

Als erste Arbeit verabredeten wir die Inszenierung von Gerhart Hauptmanns »Die Ratten«. An dem großartig gebauten Stück störte mich allerdings die Asymmetrie der Spielorte. Der fünfte Akt spielt nicht, wie ich erwartete, auf dem Dachboden, sondern in der Küche der Frau John. Das mag manch einer als unwesentlich empfinden, das Stück wurde ja schon zigmal so aufgeführt, aber mich störte das. Ich sprach mit meinem Dramaturgen darüber, und tatsächlich fand er nach einigen Nachforschungen heraus, dass Hauptmann ursprünglich den fünften Akt als auf dem Dachboden spielend verfasst hatte. Wie kam es zu der Veränderung? Aus irgendwelchen Gründen gefiel dem Regisseur Emil Lessing der ursprüngliche Akt nicht. Um die Uraufführung im Berliner Lessingtheater zu retten, schrieb Hauptmann eine neue Fassung.

Aber nicht der Symmetrie wegen, sondern weil ich den Akt viel stärker fand, griff ich zu. Ich fragte die Erbin des Hauptmannschen Nachlasses um Erlaubnis, und sie gewährte sie mir.

So kam nach fünfundsiebzig Jahren das Originalwerk auf die Bühne. Frau John, gespielt von Lore Brunner, stürzt sich nicht aus dem Fenster, sondern ist geistig verwirrt und wiegt an Kindes statt ein Holzscheit im Arm.

Die Brambachs

Heidi Brambach lernte ich kennen, als sie noch Studentin an der Dresdener Hochschule für Bildende Künste war. Sie sollte eine meiner wichtigsten Bühnen- und Kostümbildnerinnen werden. Wir arbeiteten in Berlin, Wien und Frankfurt/Main. Ihre Kostüme fur die »Medea« am Schauspielhaus Köln zählen für mich zu den gelungensten unserer gemeinsamen Zeit. Sie waren geradezu genial erdacht und gestaltet.

Heidi, die auch an vielen Häusern im Ausland gearbeitet hatte, wurde später Professorin an der Kunsthochschule Berlin-Weißensee.

Ihren Sohn Martin, heute ein bekannter und erfolgreicher Film- und Fernsehschauspieler, kannte ich seit seiner Kindheit. Als er aufgrund von »Familienzusammenführung« seiner Mutter in den Westen folgen konnte, wusste der Siebzehnjährige nicht recht, welche berufliche Laufbahn er einschlagen solle. Er gestand mir allerdings, dass ihn das Theater schon interessiere. Ich befand mich gerade in den Vorarbeiten zu einer Inszenierung am Schauspielhaus Bochum und hatte dazu ein Stück geschrieben, »Die Eroberung des Südpols«. Das Stück spielt im Ruhrpott, wo vier junge Arbeitslose, um der Langeweile zu entgehen, auf einem Dachboden Amundsens Abenteuergeschichte nachspielen.

Ich machte Martin Brambach den Vorschlag, mit von der Partie zu sein, indem ich ihm eine kleine Rolle in das Stück hineinschreiben würde. So entstand die Figur des »Frankieboy«, ohne die ich mir kurioserweise das Stück gar nicht mehr vorstellen kann. Martin zeigte sich als äußerst begabt und hatte mit diesem ersten Schritt auf der Bühne einen großen Erfolg. So war es nicht verwunderlich, dass ich meinen jungen Freund auch weiter beschäftigte. In meiner »Ratten«-Inszenierung in Köln spielte er dann bereits die schwierige, aber äußerst dankbare Rolle des Bruno Mechelke, den Bruder der Frau John. Beim Kunstfest in Weimar war er der junge »Faust« und Büchners »Leonce«.

Die rote Fahne im Burgtheater

Claus Peymann hatte Lore und mich überredet, mit ihm 1986 ans Burgtheater Wien zu wechseln. Das Burgtheater galt in Theaterkreisen seit hundert Jahren als eine erste Adresse, ihm haftete aber immer etwas sehr Konservatives an. Andererseits reizte es eben, sich mit diesem Ruf auseinanderzusetzen. Das Theater lockte überdies mit lukrativen Gagen und anderen Annehmlichkeiten. Nun gut, dann eben Wien.

Claus Peymann hatte die Möglichkeit erhalten, viele seiner Schauspieler mit an die Burg zu nehmen, was bald, in dem eh zu großen Ensemble, zu Verstimmungen führte. Dazu kam in weiten Kreisen des Publikums eine gewisse Aversion gegen die »Piefkes«, wie man die Deutschen dort nennt. Nun, alles forderte uns aber auch heraus, diesen Vorurteilen durch eine gute Arbeit entgegenzuwirken.

Die erste Aufführung, die ich in Wien zeigte, war Brechts »Die Mutter«. Das Verbot, Brecht zu inszenieren, hatte sich in Luft aufgelöst. Der Firma Brecht-Erben ging es jetzt nur noch ums Geschäft. Die rote

Fahne also auf der Bühne der altehrwürdigen Burg. Das Publikum spaltete sich in Für und Wider. Es war eine Besonderheit eines großen Teils des Wiener Publikums, dass es eine wahre Affenliebe zu Schauspielern hegte. Die Stücke waren zweitrangig, auch Inszenierung und so weiter. Und man wünschte sich, seine Schauspieler möglichst unverstellt zu sehen.

Nach einer der ersten Aufführungen der »Mutter« hatten wir ein Zuschauergespräch angesetzt, eine Neuerung im Haus. Die Interessierten erschienen zahlreich. Die erste Frage an die Brunner, die die Mutter gespielt hatte, lautete: »Frau Brunner, ich seh jetzt, Sie haben so ein wunderbares Haar, warum mussten Sie denn so eine schiache (hässliche) Perücke tragen?«

Bei meiner zweiten Inszenierung, es handelte sich um »Glaube Liebe Hoffnung« von Horváth, arbeitete ich fast ausschließlich mit Schauspielern des »alten« Ensembles. Nur die Rolle der Elisabeth besetzte ich mit Lore Brunner. Die Frau Amtsgerichtsrat spielte die vorzügliche Susi Nicoletti, den Oberpräparator der liebenswürdige Rudolf Wessely. Die Arbeit verlief äußerst angenehm. Nur einige der Darsteller fielen gern in einen Wiener Ton. Sie hielten Horváth, den Deutsch schreibenden Ungarn, für einen Österreicher. Das Missverständnis war nicht leicht auszuräumen.

Die schwarze Medea oder Mentekel in Köln

Die schwarze »Medea« des Hans Henny Jahnn ist ein grandioses Werk. Jahnn sagt: »Die von mir geschriebene ›Medea‹ ist wie eine Schicksalstragödie, aber nicht das Schicksal, das sich die Götter in übergroßer Weisheit ersonnen, waltet, vielmehr das tragische Herz des Menschen in ihm selber.«

Viele Regisseure lieben Jahnns Tragödie, nur wenige wagten sich an die Realisation. Als Jahnn die »Medea« 1925 schrieb, war an eine Aufführung nicht zu denken. Zu offen ging Jahnn mit Fremdheit, Gewalt und Sexualität um. Um eine Aufführung des Dramas möglich zu machen, »entschärfte« Jahnn bestimmte Teile der Handlung, formte es aber auch in eine Versform um. Man spricht heute von der Vers-Fassung, die ursprüngliche Prosa-Fassung galt als verschollen. Nach intensiven Nachforschungen fand mein Dramaturg Manfred Weber, die näheren Umstände sind mir nicht mehr erinnerlich, die Urschrift in einem Privat-Archiv in Budapest. So konnten wir das Stück nach über fünfzig Jahren zum ersten Mal in seiner ursprünglichen Gestalt aufführen.

Die Arbeit gestaltete sich allerdings recht kompliziert. Wir gingen zum Teil recht verschlungene Wege und die Schauspieler oft bis an die Grenzen ihrer psychischen und physischen Kraft. Lore Brunner als Medea, die sich mit Zottelperücke à la Tina Turner und rotem Fummel zu verjüngen sucht, peitschte sich zu rasender Eifersucht auf. Ihr, der Schwarzen, der Königstochter von Kolchis, der von Jason nach Korinth Entführten und dann im fremden Land Verachteten und nicht mehr Geliebten, bleibt nur noch die eiskalte Rache. Einer Rache, die in der Tötung ihrer und Jasons Söhne gipfelt.

Dieter Montag, mit dem ich in den jungen Jahren an der Volksbühne gearbeitet und den ich schätzen gelernt hatte, kam als Gast aus Berlin. Im weißen Smoking, den er unterm Pelzmantel, dem goldenen Vlies, trägt, spielt er den Jason als eiskalten Politiker. Frech flunkert er Medea, der Alternden, Zuneigung vor. Als Medea ihre gemeinsamen Söhne tötet, zerfließt er in Selbstmitleid.

*

Der Musiker Alfons Nowacki notiert in seiner Theater-Chronik: »Ich arbeite gerade in Köln mit Manfred Karge an einem Stück von Hans Henny Jahnn: ›Medea‹. Es ist eine harte Nuss, die es zu knacken gilt. Wie Suchende im Nebel durchstöberten wir alle Möglichkeiten, für dieses Stück die richtigen Bilder zu finden. Vincent Callara hatte ein großes Bühnenbild aus Sandhügel und großen Steinen entworfen. Ich komponierte eine Musik, mal mit Jazzelementen, mal ganz archaisch mit Chorgesängen. Auch Orgelklänge setzte ich ein. Alles wurde ausprobiert. Es war ein spannender Vorgang. Schließlich reduzierte sich alles bis auf wenige Requisiten vor dem eisernen Vorhang. Von der Jazzmusik ist der Medea-Blues übrig geblieben, der leitmotivisch durchs ganze Stück erklingt. Auf der Treppe zur Vorbühne saß ein weinender Bühnenbildner und fragte: ›Hat jemand mein Bühnenbild gesehen?‹«

Letztlich war Vincent Callara, mit dem ich ja schon so manche Schlacht ums Bühnenbild erfolgreich geführt hatte, mit unserer Lösung mehr als einverstanden. Die strenge Bühne fokussierte die Handlung und bot den Schauspielern einen magischen Raum.

*

»Medea wurde in Köln ein Menetekel! Eine Warnung! Geschundene, ausgebeutete, verachtete Kreatur kann sich mit Urgewalt erheben, die sogenannte Moral einfach wegfegend. Spitzentheater in der vorletzten Pierwoß-Saison.«

W. Aschemann, Express

Mord und Totschlag in Wien

Obwohl ein Riesenberg zu bewältigen war, verlief die Arbeit im Großen und Ganzen recht harmonisch. »Totenauberg«, das Stück der damals umstrittenen und später mit dem Literatur-Nobelpreis geehrten Jelinek, inszenierte ich mit einem großen Ensemble, in einem komplizierten Bühnenbild, mit viel Musik und Choreografie. Es war das erste Stück der Jelinek, das im Burgtheater, der ersten Bühne des Landes, gezeigt wurde.

Mit der Jelinek, die allgemein als »schwierig« galt, hatte ich schnell ein außerordentlich gutes Verhältnis. Sie kam zu einigen Proben, was nicht ihre Art war, und bestärkte mich in meinen Absichten, mit dem Stück umzugehen. Die Schauspieler bewegten sich auf einem ungewohnten Terrain, die bei der Jelinek typisch großflächigen Texte waren herausfordernd.

Ein Vorfall unterbrach die Arbeit allerdings auf unvorhersehbare Weise. Das Stück verlangte einige Filmsequenzen. Dazu hatten wir eine kleine Filmfirma nebst Kameramann engagiert. An einem Sonntagmorgen hatten wir Filmaufnahmen auf der Rax, einem Bergmassiv nördlich der Steiermark, geplant. Die Schauspieler waren in Kostüm und Maske angereist, alles war bereit, nur der Kameramann kam nicht. Da wir ihn nicht erreichen konnten, vermuteten wir einen Autounfall und telefonierten mit allen möglichen Straßenmeistereien, ohne Ergebnis. Wir brachen unser Vorhaben ab und fuhren nach Wien zurück. Erst nach zwei Wochen erfuhren wir, dass der Kameramann von einem Konkurrenten nach Budapest gelockt und dort ermordet worden war. Mord und Totschlag, eine typische Wiener Bluttat, kommentierten einige österreichische Kollegen. Passend zum Stück, meinten andere.

*

»Therese Affolter mimt die gnadenlose, vitale, krähende Jungmutter, die ihr Baby managt wie einen Zukunftskonzern. Aus der Dachluke grient der Alm-Opa (Gerd Naujoks) herab, der vom KZ und von Zyklon B schwärmt. Die Asylanten sind chaplineske Tramp-Figuren, schleichend wie im Stummfilm, keine politische Larmoyanzfiguren, dafür wirklich fremde Kunst-Menschen; gierig greifen sie nach der schönen Spielzeugeisenbahn, mit der Heidegger (Martin Schwab) sich die Spanne zwischen Sein und Zeit auf der Gebirgshütte vertreibt: surreales Traum-

Spiel. Bauer und Bäuerin, derb hingefläzt von Lore Brunner und Karl Fischer, stecken sich genussvoll kauend den abgerissenen Arm des Touristen zwischen die Zähne, nachdem der Bedauernswerte aus dem Fenster in die Schlucht hinunterpolterte: Grand-Guignol. Am Ende tänzelt Frau Tod im schwarzen Tütü herein. Der Boden stürzt, die grauen Wände bersten. Die Szene ist leergefegt. Glänzend gerecht beiseite gewischt wurde ein Stück, das gar keines ist. Die Saison beginnt luftig. Ginge sie nur so weiter.«
Gerhard Stadelmaier, Frankfurter Allgemeine Zeitung

»Großer, rührender Augenblick. Manfred Karge, Regisseur der Uraufführung von Elfriede Jelineks undramatischem Drama ›Totenauberg‹, stürmt von der Bühne und zerrt die Dichterin über die steile Auftrittsrampe am linken Bühnenrand auf die Szene des Akademietheaters in Wien. Überreicht ihr eine Rose. Zuschauer und Schauspieler applaudieren. Noch bleicher als sonst tritt die Autorin in einem langen, trapezartigen, schwarzen Kaftan von einem Bein aufs andere, versucht, die Blume der Hauptdarstellerin zu überreichen, und wird dann von Frauen und Männern auf der Bühne umarmt und eingereiht in das Ensemble von 24 Akteuren. Das Publikum im kleinen Haus des Burgtheaters erhebt sich: Wien feiert, endlich, die Heimkehr einer der bedeutendsten Dichterinnen des Landes.«
Rolf Michaelis, Die Zeit

Es gibt keine Zufälle!

In dem Buch »George Tabori. Dem Gedächtnis, der Trauer und dem Lachen gewidmet« gibt es ein Foto, auf dem George und ich an einem kleinen Tischchen im Foyer des Berliner Ensembles sitzen. Dieses Foto vermittelt den Eindruck, hier säßen zwei alte Freunde in trautem Gespräch. Es ist aber beim Brecht-Kolloquium 1968 aufgenommen, wo wir uns zum ersten Mal begegneten. Aus dieser Begegnung sollte eine Freundschaft werden, die bis zum Tod meines lieben Freundes andauerte.

Wir besuchten gegenseitig unsere Inszenierungen und sagten uns, wie es bei Freunden üblich sein sollte, ungeschminkt unsere Meinung. Wir waren zeitweilig am gleichen Theater Kollegen: in Bochum, in Wien und in Berlin. Zweimal spielte ich unter Georges Regie: in Elfriede Jelineks Stück »Stecken, Stab und Stangl« im Burgtheater und in Georges eigenem Stück über den Jugendwahn »Frühzeitiges Ableben« im Berliner Ensemble. George saß nicht nur während der Proben, sondern auch während der Vorstellungen in einem Ohrensessel am Rand der

Spielfläche und sah uns beiden Akteuren – meine Partnerin war Ursula Höpfner, es war ein Zwei-Personen-Stück – bei der Arbeit zu. »Ich habe so etwas noch nie gemacht, dass ich ein Stück, das eigentlich achtzehn Schauspieler braucht, mit nur zwei Schauspielern inszeniere«, sagte er während einer Probe und fügte hinzu: »That turns me on.«

Gern denke ich auch an privates Zusammensein zurück. So notierte ich zum Beispiel unter »Wien, Währing. Ende der achtziger Jahre«: Wir trafen uns ab und an im Restaurant »Chez Robert« bei guter französischer Küche. Wir aßen, tranken und plauderten. Da kam das Gespräch auf Zufälle. George: »Es gibt keine Zufälle.« Im Folgenden steigerte sich unser Gespräch in eine wahre Orgie von Zufallsberichten, die George und ich erlebt hatten. So erzählte George aus seiner Zeit in Hollywood, wo er wieder einmal ein Drehbuch geschrieben hatte. Aber, da er auf der Schwarzen Liste von McCarthy stand, was Arbeitsverbot bedeutete, hatte er das Script einem Freund gegeben, der es unter seinem Namen einem Produzenten schickte. Nach einiger Zeit bekam George einen Anruf von eben diesem Produzenten: »Tabori, ich weiß, dass Sie keine Arbeit haben. Ich habe da ein Drehbuch bekommen, das dringend der Überarbeitung bedarf. Ich schicke es Ihnen. Machen Sie sich an die Arbeit, so können Sie ein paar Dollar verdienen.« Und George bekam sein eigenes Buch zurück. »Kein Zufall, George?« – »Nun, McCarthy war kein

Zufall, wie du es nennst, er ist uns ja nicht zugefallen, aus dem Himmel oder so, und dass ich somit arbeitslos war, auch nicht, und dass einem jemand unter die Arme greifen will, schon gar nicht.«

Nun gut, so beschloss ich, fürderhin das Wort für solche Vorkommnisse, wie wir es in einem Kinderspiel taten, wo man einen bestimmten Begriff erraten muss, durch das Wort »Teekesselchen« zu ersetzen.

Jahre später in Genf. Genauer gesagt, am 5. Februar 1995. Ich arbeitete dort und ging an diesem Sonntag in mein Bistro zum Frühstücken. Als ich an einem Zeitungsstand vorbeikam, kaufte ich mir, ich schwöre, zum ersten Mal eine französischsprachige Zeitung. Da mein Französisch sehr schlecht war, griff ich immer zu den deutschsprachigen Zeitungen. Aber ich hatte gehört, dass das »Journal de Geneve« eine besonders gute literarische Sonntagsbeilage hatte, und wollte mal hineinschauen. Ich blätterte, und plötzlich sah ich ein Bild von George sowie ein Interview mit ihm. Ich stocherte im Text herum, und dann sah ich, dass neben dem Artikel ein Gedicht abgedruckt war. »Rumeurdepaix ce vieux flemmard« (pour George Tabori). Auch mein schlechtes Französisch verriet mir, dass das ein sehr komplizierter Titel war. Dann glitt mein Blick nach unten, und ich entdeckte meinen Namen. Jetzt wurde mir klar, das ist ja die Ballade »Faulgreis Friedensgerücht«. Die hatte ich für George geschrieben und zu einer Feier anlässlich seines 70. Geburtstages im Akademietheater vorgetragen, als er Ehrenmitglied des Burgtheaters wurde. – Da kauf ich mir zum ersten Mal das »Journal de Geneve« und sehe diese Ballade abgedruckt, die zu diesem Zeitpunkt noch nirgends veröffentlicht war. Wie der Text in die Hände der Redaktion kam und übersetzt wurde, hat sich nie aufgeklärt, aber es wird sicher irgendeine Erklärung geben. Ich habe die Zeitung aufgehoben. Ich wollte sie George immer zeigen. Es kam nie dazu. Vielleicht hängt es ja auch mit diesem, nun sagen wir, Phänomen zusammen. Es gibt sicher viele, viele und wichtigere Dinge, in deren Zusammenhang man sich an George erinnern wird, bei mir wird es ein »Teekesselchen« sein.

*

Faulgreis Friedensgerücht

Es ging einmal, so heißt es,
Zwischen Hader und Gewalt
Ein Kerl herum, hieß Friedensgerücht
War faul und ziemlich alt.

Man sah ihn zwischen den Fronten
Bei Bunker und Barrikade,
Und schob sich seine Hose hoch,
Sah man die käsige Wade.

Er hinkte durch die Landschaft,
Man sagt, zehntausend Jahr,
Und hinkte er mal hurtiger,
Flogen die weißen Haar.

War faul, heißts, wie die Sünde,
Rührte sich Jahre nicht,
So schrieb ihn bald gar mancher ab
Den Faulgreis Friedensgerücht.

Doch ab und an erhob sich
Ein Gerücht, das sagte, es hätten
Ihn wieder welche gesehen
An den gezeichneten Stätten.

Zum Beispiel George, der Maler,
Hatte im Jahre siebzehn
Zwischen Rauch und Giftgas
Gehört ihn und gesehn.

Doch kann ers nicht beweisen.
Hat keinen Zeugen nicht.
Sonst hätt er etwas in der Hand
Über Faulgreis Friedensgerücht.

Einerseits kein Lebenszeichen,
Andererseits kein Totenschein,
Ohne irgendwelches Zeugnis
Lässt sich keiner auf gar nichts ein.

Wenn man nichts in der Hand hat,
Dann ist man ja zerrissen,
Drum fragt ich George, den Schreiber,
Der muss es schließlich wissen.

Der George, mein Kind, der weiß es,
Da bin ich mehr als sicher,
Wenn er es aber auch nicht weiß,
Ists um so bedauerlicher.

Aus seim Theaterhimmel
Steigt George auf einer Leiter.
Lebt er, der Faulgreis? Rufe ich,
Wo ist er? Und so weiter.

Hast du ihn irgendwo gesehn
Den Faulgreis, irgendwo?
In Budapest, in London
Oder in Jericho?

Auf einer Straße in New York,
In Sarajewo, Wien?
Vielleicht als eine Art Gespenst
In der Mauerstadt Berlin?

Halt ein, Freund, frag nicht lange
Über das Weltgetümmel,
Sagt George, der Faulgreis steckt hier drin
In meim Theaterhimmel.

Kost und Logis bekommt er.
Die Gage ist nicht groß.
Lass ihn mit Freibier und Musik
Auf die ganze Menschheit los.

Muss tanzen und auch singen
Und stehn auf einem Bein,
Darf alle Witze reißen,
Nur jiddisch missens sein.

Wenn dünn auch seine Stimme,
Kein Zahn mehr in dem Maul,
Das ist nicht schlimm, nur schlimm ist,
Der Bursche ist so faul.

Doch hoch geht nicht der Vorhang,
Wenn neben den Todsünden
Und allen Plagen allemal
Der Greis sich nicht lässt finden.

Tritt auf, du Hund, beweg dich
Hinein ins Rampenlicht!
Gebrechlich, faul und lendenlahm
Faulgreis Friedensgerücht.

Nein, George, der lässt kein Publikum
Einfach nach Hause gehn,
Ohne dass es dem Faulgreis Friedensgerücht
Hat ins Weiße im Auge gesehn.

Der Sturz des Engels

1986. Die Mehrheit der Wähler hatte den Alt-Nazi Kurt Waldheim zum österreichischen Bundespräsidenten gewählt. Als verschiedene Publikationen seine Beteiligung an Kriegsverbrechen aufdeckten, konnte er sich an nichts erinnern. Der Mann stellte sich seiner Vergangenheit nicht, sondern übte sich in Vergessen.

Als die nationale wie auch die internationale Diskussion über Waldheims NS-Vergangenheit nicht abriss und sein Vergessen immer wieder auf Unverständnis stieß und für Empörung sorgte, schlug ich Peymann vor, Fühmanns trefflichen Trakl-Essay »Der Sturz des Engels« auf die Bühne zu bringen. Ganz anders die radikale Offenheit, mit der Fühmann mit seiner Biografie umging. Und zudem eine großartige Dichtung von hoher sprachlicher Schönheit. Da bot sich dem Theater die Möglichkeit, eine Art »Gegenentwurf« zu der feigen Verlogenheit eines Politikers auf die Bühne zu bringen.

Aus dem Essay, der Fühmanns große Zuwendung zur Lyrik Georg Trakls beschreibt, kann man die Biografie des Autors herauslesen. Fühmann offenbart da seine politischen Irrungen und Wirrungen so schonungslos, mit solcher Selbstentäußerung, dass es manchmal geradezu grotesk wirkt. Er geht, um der Wahrheit willen, unerbittlich mit sich selbst um.

Fühmann war in seiner Jugend glühender Nationalsozialist, trat der SA bei, kam als junger Soldat in sowjetische Kriegsgefangenschaft. Dort mauserte er sich in einem Umerziehungslager zum glühenden Sozialisten. Nach seiner Entlassung ging er in die DDR, war als kulturpolitischer Angestellter im Parteiapparat tätig und entschloss sich schließlich, als freier Schriftsteller zu arbeiten. Seine Haltung zu den politischen Verhältnissen wurde mit der Zeit jedoch immer kritischer und verzweifelter. Ein Jahr vor seinem Tod schrieb er: »Ich habe grausame Schmerzen. Der bitterste ist der, gescheitert zu sein: In der Literatur und in der Hoffnung auf eine Gesellschaft, wie wir sie alle einmal erträumten.«

*

Nach der Premiere von »Der Sturz des Engels« kam eine der Zuschauerinnen in meine Garderobe. Sie war sichtlich erregt und hatte Tränen in den Augen. Sie habe Fühmann einmal sehr nahe gestanden, sagte sie. Nachdem sie sich etwas beruhigt hatte, fragte sie mich, warum ich in einer Szene meine

Schuhe auszog und die Füße massierte. Ich erwiderte, es wäre aus dem Spiel heraus entstanden, und ich verstünde nicht, worauf ihre Frage ziele. Da sagte sie, wieder unter Tränen, der Fühmann habe das, wenn er zu jemanden kam, immer genau so getan.

*

Ich bin Fühmann nur einmal begegnet. Infolge der Auseinandersetzungen um unsere Räuber-Inszenierung in der Volksbühne lud die Akademie der Künste Matthias und mich zu einem sogenannten Mittwoch-Gespräch ein. Es war der Versuch, den hochgekochten politischen Streit um unsere Inszenierung etwas zu versachlichen. Zu diesem Gespräch war auch Fühmann eingeladen.

Er hielt sich merklich zurück. Als er aufgefordert wurde, auch seine Meinung zu sagen, verließ er, für die meisten überraschend, den Boden der politischen Auseinandersetzung. »Ich habe mich in letzter Zeit oft im Theater gelangweilt«, sagte er und fügte hinzu: »In der Volksbühne bei den Räubern ging es mir nicht so, und das ist schon viel wert.«

Mehr war ihm nicht zu entlocken.

Tilda Swinton oder Max und Mozart

Ich hegte seit langem eine besondere Liebe zu den »Kleinen Tragödien« des russischen Nationaldichters Alexander Puschkin. Besonders das Zwei-Personen-Stück »Mozart und Salieri« hatte es mir angetan. Ich sah aber keine rechte Gelegenheit für eine Aufführung des Stücks.

Im Sommer 1987 war ich in Edinburgh, wo ich auf dem Fringe-Festival Tilda Swinton kennenlernte. Sie spielte die britische Erstaufführung von »Jacke wie Hose« in der Regie von Stephen Unwin. Nach der äußerst gelungenen Aufführung unterhielten wir uns über die politische Situation in Deutschland und natürlich auch übers Theater. Sie hoffte, die Rolle des Max in »Jacke wie Hose«, oder wie der Titel im Englischen war, »Man To Man« auch in London im renommierten Royal Court Theatre spielen zu können, was ihr ein Jahr später auch gelang. Tilda zeigte sich in dem Gespräch auch interessiert, mit mir einmal zusammenzuarbeiten.

Im nächsten Sommer unternahm ich mit Lore eine Auto-Tour durch Holland und England bis in die Scottish Borders. Und hier kam es zu einem der zahlreichen Zufälle, die mein Leben begleiteten. Wir waren in einem kleinen Ort bei B & B abgestiegen und erkundigten uns bei der Vermieterin nach einem Restaurant für den Abend. Sie nannte uns eines, das zwei, drei Dörfer weiter entfernt lag. Am nächsten Morgen fragte uns die Vermieterin, ob wir mit dem Restaurant zufrieden waren. Wir wären zufrieden gewesen, sagten wir und fügten hinzu, wir hätten uns sehr gewundert, dass wir durch einen Ort kamen, der den Namen Swinton trug, da wir eine Schauspielerin gleichen Namens kennen würden. »Oh yes, this is Tilda. She took riding lessons from me.« Nun war unsere Neugierde geweckt, und wir fuhren dorthin. Wir kamen durch einen dichten Wald, der sich zu einer Lichtung öffnete. Da sahen wir ein großes Haus mit Türmen vor uns, es hatte die typisch graue Fassade, wie man sie aus Gruselfilmen kennt. Ein Mann, der gärtnerische Arbeiten verrichtete, sagte uns, wir hätten Glück, das junge Fräulein wäre zufällig da. Tilda staunte nicht schlecht, als wir vor ihr standen. Sie lud uns ins Haus, und wir blieben zum Five o'Clock Tea with Sir John Swinton of Kimmerghame und Gattin. Der Generalmajor a. D. erzählte von seiner Militärzeit im Zweiten Weltkrieg und seiner schweren Verwundung. Er schlug sich dabei lachend mit der Hand auf den Schenkel. Es klang nach Holz.

Wir verabschiedeten uns schließlich von den freundlichen Gastgebern, und Tilda erneuerte ihren Wunsch auf eine Zusammenarbeit.

Daraufhin schmiedete ich 1989 den Plan, »Mozart und Salieri« in Deutsch und Englisch mit Tilda und Lore zu machen. Ich fand einen Produzenten in Köln, der bereit war, die Aufführung zu finanzieren und eine Tournee zu organisieren.

Die Brunner konnte außerordentlich gut englisch sprechen, und Tilda, die kein Wort Deutsch sprach, lernte den deutschen Text phonetisch. So konnte ich endlich den heißgeliebten Puschkin auf die Bühne bringen.

Wir spielten in Wien und Berlin auf Deutsch und drei Wochen im damals renommierten Londoner Almeida Theatre. Tilda war ein wunderbar schlaksiger Mozart, ihre deutsche Aussprache war perfekt. Lore gab eine spannende, ganz auf den Text konzentrierte Salieri-Figur.

Drei Jahre später drehte Tilda einen Film nach meinem »Jacke wie Hose«-Stück unter der Regie des jungen John Maybury, widmete sich dann ganz der Filmarbeit und wurde die berühmte Swinton und Oscar-Preisträgerin.

Mach noch drei, dann machen wirs

Das Royal Court Theatre in London, eine gute Adresse für zeitgenössische Dramatik, plante ein Projekt, das die europäischen Ereignisse um den Herbst 1989 zum Gegenstand haben sollte. Das Theater schrieb Autoren an, die mit dem Theater verbunden waren, kurze Stücke zu dem Unternehmen beizusteuern. Es gab eine klare Ansage: Two characters and one set. Das Royal Court hatte bereits zwei Stücke von mir aufgeführt, »Jacke wie Hose« mit Tilda Swinton und »Die Eroberung des Südpols« mit Alan Cumming.

Ich überlegte mir ein Sujet und stieß auf einen Artikel im »Spiegel«. Es war ein Bericht über die Mauerhunde, diese Schäferhunde, die an der Mauer zur Bewachung eingesetzt und jetzt überflussig geworden waren. In dem Artikel wurde darüber spekuliert, was aus diesen Hunden nun werden würde. Sind die zu resozialisieren? Muss man sie in den Knast schicken oder gar töten? Man hat sich dann dazu entschlossen, sie zu veräußern. Es gab Interessenten. Zum Beispiel Zuhälter, die sich mit einem so scharfen Hund schmücken wollten. Darauf schrieb ich »Der Mauerhund« oder »The Wall-Dog«, wie das Stück in der Übersetzung von Howard Brenton heißt.

Es ist die Geschichte zwischen einem DDR-Grenzsoldaten, der schon mit dem neuen System liebäugelt, und einem Grenz-Hund, der linientreu die alte Ordnung bewahren will. Schließlich schlachtet der Soldat seinen ehemaligen Gefährten und verscherbelt die Innereien an ein asiatisches Restaurant. Das Ganze im Stil der englischen Music Hall.

Als ich Peymann von dem Plan des Royal Court erzählte, meinte er, solch eine Sache müssten wir unbedingt auch machen. »Also deinen ›Mauerhund‹ nehmen wir, und dann brauchen wir noch sechs.« Er hat dann verschiedene Autoren, die dem Haus nahestanden, angesprochen und war ziemlich enttäuscht, dass es kein Interesse von Seiten der Angefragten gab. Ich hatte inzwischen Blut geleckt, weil die Themen wirklich auf der Straße lagen. In dieser bewegten Zeit flogen sie einem ja nur so zu, sodass ich noch so zwei, drei Sachen geschrieben habe. Und als Peymann wieder mal enttäuscht sagte: »Da kommt nix von denen«, entgegnete ich nur: »Jetzt habe ich schon vier.« – »Mach noch drei, und dann machen wir eben den Abend mit dir.«

So sind die »MauerStücke« entstanden.

Ich inszenierte die sieben Dramolette mit Schauspielern der Burg und jungen Schauspiel-Studenten des Reinhardt-Seminars. Mit den Studenten hatte ich vorher eine interessante Aufführung von Puschkins »Pique Dame« im Schloss-Theater Schönbrunn gezeigt.

Die Uraufführung der »MauerStücke« fand, das war Peymanns Wunsch, noch vor dem offiziellen Tag der Wiedervereinigung statt. Die Resonanz beim Wiener Publikum war zwiespältig. Es gab Fürsprecher und andere. Ein Herr Haider zum Beispiel, ein berühmt-berüchtigter Kritiker von der Zeitung »Die Presse«, schrieb, was haben die Piefkes, also die Deutschen, hier bei uns in Wien ihre dreckige Wäsche zu waschen? Für den Herrn Haider waren der Fall der Mauer und seine Folgen eine ferne Welt.

Da fällt mir eine drollige Geschichte ein, die mein Freund Alfons Nowacki in der Tram in Wien erlebt hat. Zwei Wiener im Gespräch. Der Eine: »Und jetzt is also die Mauer gfalln. Ja, die Deitschen.« Der Andere: »Da habens recht. Den erstn Weltkrieg hams verloren. Den zweitn Weltkrieg hams verloren. Oaschlöcher sans.«

Wie wird man Regisseur?

Aus Berlin kam ein Ruf. Meine ehemalige Schauspielschule, die jetzt die Hochschule für Schauspielkunst »Ernst Busch« war, bot mir eine Professur für Regie an. Das Regie-Institut mit dem angeschlossenen Studio-Theater wurde 1974 von Manfred Wekwerth gegründet.

Zuvor gab es keine spezielle Ausbildung von Theaterregisseuren in der DDR. Der Beruf des Regisseurs speiste sich aus unterschiedlichsten Quellen. Meist waren es Schauspieler, die irgendwann die Seite wechselten. Es gab aber auch Dramaturgen, Wissenschaftler, Lehrer, die sich hineinarbeiteten. Der Regisseur Adolf Dresen, der über das Studium der Germanistik in den Beruf gefunden hatte und ein großartiger Interpret von Stücken Shakespeares, Goethes und O'Caseys war, formulierte das einmal zugespitzt so. Auf die Frage, wie man Regisseur wird, sagte er: »Man lässt sich an einem Theater als Inspizient oder so engagieren, dann bewirbt man sich um die Regie des Weihnachtsmärchens, was kein Regisseur des Hauses gern machen will. Und wenn man das einigermaßen hinkriegt, geht man zur Behörde und lässt als Beruf ›Regisseur‹ eintragen. (In der DDR stand der Beruf im Personalausweis.) So hatte man es schriftlich, und dann ist man eben Regisseur.«

Das Studio-Theater des Regie-Instituts, ein ehemaliges Kino auf dem Hinterhof der Belforterstraße 15, war nach dem Mauerbau von Wolf Biermann und anderen als Berliner Arbeiter- und Studententheater (b.a.t.) gegründet worden. Es sollte mit dem Biermann-Stück »Berliner Brautgang«, das den Mauerbau zum Thema hatte, eröffnet werden, das jedoch nicht zur Aufführung zugelassen wurde. Stattdessen musste das Theater aufgelöst werden.

Am 1. September 1993 begann meine Tätigkeit, und sie dauerte genau zehn Jahre. Ich gestaltete das vierjährige Studium möglichst praxisnah. Ich gab meine Regietätigkeit an Theatern nicht auf und integrierte meine Studenten möglichst in meine Arbeit. So nahm ich zum Beispiel ganze Studiengänge zu einem dreijährigen Faust-Projekt beim »Kunstfest Weimar« mit. Hier assistierten sie mir bei der Regiearbeit, spielten kleine Rollen und übernahmen Aufgaben bei der Organisation.

Eines Tages kam ihr Vorschlag, neben dem großen Goethe auch die von ihnen geliebten, weniger beachteten Zeitgenossen des Weimarers zu Wort kommen zu lassen. Sie entwarfen einen zusätzlichen Spielplan mit Werken von dem unglücklichen Lenz und anderen Underdogs. Ich schlug ihnen nächtliche

Aufführungen an ungewöhnlichen Schauplätzen wie dem Römischen Haus vor. Diese wurden vom Publikum, es war ja die schöne Sommerzeit, erstaunlich gut angenommen. Wir spielten bis in den frühen Morgen und organisierten danach eine Frühstücksparty im Park, die vom anliegenden Hotel gesponsert wurde.

Zu einem der Höhepunkte der Zusammenarbeit mit anderen Schulen kam es, als wir sechzehn Studenten der Theaterhochschule Helsinki nach Berlin einluden. Dreisprachig (Deutsch, Finnisch, Englisch) erarbeiteten wir Brechts »Der Brotladen«. Meine Studenten staunten nicht schlecht, mit welcher Energie die Finnen ihre Arbeit absolvierten, obwohl sie in der Freizeit nicht nur die Stadt, sondern auch ausgiebig das Berliner Nachtleben erkundeten.

Aus der Begegnung mit den jungen Leuten ergaben sich für mich viele bleibende Eindrücke und Erfahrungen. Ich kann wohl auch mit Fug und Recht sagen, dass die Studenten ein ganz gutes Rüstzeug für den Beruf bekommen haben. Ich stelle immer wieder mit Freude fest, dass eine ganze Reihe von ihnen ihren Platz im Theater gefunden hat.

Wiederum Peymann, wiederum BE

Claus Peymann, den ich ja bereits in Bochum und Wien als umsichtigen Theaterleiter kennenlernen durfte, hatte das Berliner Ensemble übernommen. Das Theater war nach dem Ende der Ära Heiner Müllers recht gesichtslos geworden. Peymann war da der richtige Mann am Ort, dem Theater neuen alten Glanz zu geben.

Im Jahr 2000 lud er mich ein, in seiner Inszenierung von Shakespeares »Richard II« die Rolle des Herzogs von York zu spielen.

Beim Lesen des selten gespielten Stücks erschien mir seltsam, dass die Figur recht unmotiviert zum Schluss hin aus der Handlung genommen ist. Ich schlug Peymann vor, die Ermordung Richards dem York zu uberlassen. Ihm schien der Vorschlag einleuchtend, und er stimmte der Änderung zu.

Als wir mit »Richard II« in Stratford-upon-Avon gastierten (es gab auch Gastspiele in Verona, Teheran, Tokio, Wien) kam es zu einer lustigen Begegnung mit Charles, dem damaligen Prince of Wales. Er war vor Ort, da der Neubau des Theaters gerade eingeweiht wurde, und unterhielt sich mit jedem Schauspieler kurz. Als er mich fragte, welche Rolle ich spiele, sagte ich: »I am the Duke of York«, und fügte gelassen hinzu: »The kings murderer.« His Royal Highness lachte höflich.

Im großartig spartanischen Schwarz-Weiß-Bühnenbild von Achim Freyer gelang Peymann eine seiner sehenswertesten Inszenierungen.

Die Arbeit band mich nach meiner Emeritierung wieder an das Haus, wo ich vor Jahrzehnten meine ersten Schritte auf der Bühne machen durfte.

Eines der schönsten Theater Deutschlands nahm mich freundlich wieder auf, und auch der heißgeliebte Brecht war mir wieder so nah. In den folgenden Jahren werde ich seine Stücke wieder aufführen: »Schweyk im Zweiten Weltkrieg«, »Die Gewehre der Frau Carrar«, »Kreidekreis«, »Flüchtlingsgespräche«. Aber auch eigene Stücke werde ich auf die Bühne bringen. Viele erstklassige Regisseure werden gastieren. Und eine ganze Reihe von Schauspielern, die ich von früher her kannte, werde ich wiedersehen. Ein Kreis hatte sich für mich geschlossen.

Die Antoni

Während meiner Volksbühnen-Zeit fuhr ich oft nach Potsdam ins Hans Otto Theater. Dort hatte der Intendant Peter Kupke ein junges Ensemble erstaunlicher Talente zusammengestellt. Ein junges Ding namens Carmen-Maja Antoni spielte in Brechts »Der kaukasische Kreidekreis« die Grusche und machte Furore. Bei dieser Premierenfeier und bei anderen tanzten wir in der Kantine des Theaters ganze Nächte durch. Wir nannten es die »Nächte der Cabiria«, denn ich sah in Maja eine Giulietta Masina. Ich glaube, wir legten auch fast so einen atemberaubenden Mambo aufs Parkett, wie die Cabiria auf einer nächtlichen Straße Roms.

Es dauerte nicht lange, und Maja wurde nach Berlin engagiert. Zuerst an die Volksbühne, dann ans Berliner Ensemble. Dort spielte sie 1986 auch die DDR-Erstaufführung meines Stücks »Jacke wie Hose« in der Regie von Peter Konwitschny. Die Antoni blieb über dreißig Jahre dem Berliner Ensemble treu, wo sie als eine der ersten Schauspielerin des Hauses in ihrer unverkennbaren Art vors Publikam trat.

In meiner Inszenierung von Brechts »Schweyk im Zweiten Weltkrieg« war sie die Kopecka, die Wirtin des Prager Wirtshauses »Zum Kelch«. Dort singt sie ihren Gästen mit dem wunderschönen »Lied von der Moldau« Mut in den schweren Zeiten der deutschen Besatzung zu.

Es wechseln die Zeiten. Die riesigen Pläne
Der Mächtigen kommen am Ende zum Halt.
Und gehn sie einher auch wie blutige Hähne
Es wechseln die Zeiten, da hilft kein Gewalt.

Der Kritiker Christoph Funke schrieb: »Carmen-Maja Antoni gibt der Wirtin Anna Kopecka einen einzigartig rauen Charme, sie bringt eine kluge, pfiffige Frau auf die Bühne – im spöttisch überlegenen und doch zugleich vorsichtig sichernden Widerstand gegen die Nazigrößen.«

In Bechts »Mutter Courage und ihre Kinder« feierte Maja wahre Triumphe. Die Inszenierung von Peymann brachte es auf – sage und schreibe – 199 Vorstellungen. Ich war der »Feldkoch«, sie die »Mutter Courage«. Mit dieser Rolle wurde sie endgültig zum Liebling des Berliner Publikums. Wer sie genauer kannte, wusste, dass sie nicht nur auf der Bühne eine wahrhaft »Mütterliche« war. Nach dem Ende der Ära Peymanns im Jahr 2017 sah man Maja nur noch im Fernsehen. Ich bedauerte stets, dass sich kein Theater fand, das der bedeutsamen Schauspielerin den ihr gebührenden Platz auf der Bühne gab.

»Manfred« in Frankreich

Am 26. März 1829 schrieb Robert Schumann in sein Tagebuch: »Bettlektüre: ›Manfred‹ von Lord Byron – schreckliche Nacht.«

Zwanzig Jahre später machte er sich an die Arbeit und komponierte »Manfred. Eine dramatische Dichtung«. Das Werk besteht aus einer Ouvetüre, einem Zwischenspiel, verschiedenen Solonummern und Chören.

1993 lud mich die Opéra National de Lyon ein, die Rolle des Manfred zu spielen. Zu dieser Zeit war es üblich, Opern nur noch in der Sprache aufzuführen, in der sie komponiert worden waren. Und so suchte man einen deutschen Darsteller. Regie führte der französische Regisseur Jean-Claude Berutti, die musikalische Leitung lag in den Händen des belgischen Dirigenten Philippe Herreweghe. Es war eine sehr aufregende Arbeit. Der Manfred ist eine Sprechrolle, die man rhythmisch zur Musik des Orchesters spricht. Diese Aufgabe ist für einen Schauspieler sowohl herausfordernd als auch belebend. Es bedarf ungeheurer Konzentration und

Einfühlsamkeit. Das Orchester ist ein gestrenger Partner, den man respektieren muss. Hat man aber genügend Arbeit investiert und ein souveränes Zusammenspiel von Sprecher, Orchester und Dirigenten erreicht, trägt einen die Musik in wundersamer Weise.

Ein Vorfall bei der Hauptprobe brachte die Premiere beinahe in Gefahr. Ich machte einen Fehltritt, stürzte in einer Szene von der Passerelle in den dunklen Zuschauerraum und verletzte mein rechtes Knie erheblich. Die Probe wurde unterbrochen, und man beratschlagte, was zu tun sei. Ein Arzt musste her. Da kam einer der Anwesenden auf eine schlagende Idee. Man rief den Mannschaftsarzt des Fußballclubs Olympique Lyon zu Hilfe. Er war der Erfahrenste im Umgang mit Knieverletzungen. Der Herbeigerufene verarztete mich so sachkundig, dass die Probe fortgesetzt werden konnte, und die Premiere war gerettet.

Die Aufführung wurde ein sensationeller Erfolg. Sie wurde noch in Straßburg, Rennes und im Opernhaus La Monnaie in Brüssel, damals eine der allerbesten Adressen in der Opernwelt, gezeigt.

Auf der Suche nach einem Baal

Schon in den frühen Jahren war für mich »Baal«, das geniale Stück des jungen Brecht, einer meiner Favoriten. In der DDR vermied man es lange Zeit, die frühen Stücke Brechts auf den Spielplan zu setzen. Sie standen im Ruch des Anarchistischen. Brecht selbst warnte zum Beispiel, es fehle ihnen an Weisheit. Die erste Fassung des »Baal« schrieb der erst Zwanzigjährige 1918. Brecht integrierte in das Stück eine Reihe seiner frühen Lieder und Gedichte, teilweise in enger Anlehnung an Gedichte von François Villon. Brecht hat es mit dem geistigen Eigentum nicht immer so genau genommen. So benutzte er auch für die »Dreigroschenoper« einige Lieder von François Villon, was ihm der Kritiker Alfred Kerr nach der Uraufführung vorwarf. Daraufhin räumte Brecht ein, das sei eben seiner »Laxheit in Fragen geistigen Eigentums« zuzuschreiben.

Als ich Ende der neunziger Jahre zu einem kurzen Abstecher nach Frankfurt/Main kam, um dort Schillers »Maria Stuart« zu inszenieren, lernte ich Thomas Thieme kennen. Ich wusste sofort, dieser Schauspieler war von der Güte, einen Baal zu spielen – diesen Unangepassten, der die feine Gesellschaft in panische Unruhe versetzt. Thomas sagte selbst über die Figur: »Baal kommt mit der Welt nicht zurecht, er will sie auch nicht ändern, er will nur Spaß haben ... Er ist voller Brutalität und zugleich voller Zärtlichkeit. Ich bevorzuge zarte Charaktere, empfindsame, verletzliche.«

Im gleichen Jahr konnte ich das Stück mit Thieme als Baal am Wiener Burgtheater inszenieren. Schon im Prolog, in dem Baal den »Choral vom Manne Baal« vorträgt, ahnte man etwas von der Kraft, die Thomas dieser Figur verlieh. Breitbeinig, die Hände tief in den Taschen, die Hüften wiegend, kamen die Verse aus diesem Koloss hervor. Man ahnte aber auch etwas von der Zärtlichkeit, von der Thomas sprach.

Als im weißen Mutterschoße aufwuchs Baal
War der Himmel schon so groß und still und fahl
Jung und nackt und ungeheuer wundersam
Wie ihn Baal dann liebte, als Baal kam.

Wiederum ein Jahr später war Thieme mein Mephisto im »Urfaust« beim Kunstfest in Weimar. So kehrte er, der gebürtige Weimarer, in seine geliebte Heimatstadt zurück. Thomas zeigte uns das

Restaurant, in dem es die besten Thüringer Klöße gab. Er, den ich als zurückhaltend kannte, war schnell mit den Einheimischen im Gespräch. In Mundart natürlich.

Für das auf drei Jahre ausgelegte Faust-Projekt hatte der Bühnenbildner Dieter Klaß ein voll funktionsfähiges Theater auf den Schlossplatz in Weimar stellen lassen. Neben einer Spielfassung des Faustus-Volksbuchs und einer musikalischen Ballade »Leben und Tod der Margarete Brand«, Goethes Vorbild für die Gretchen-Figur, spielten wir den »Urfaust«.

Thomas Thieme, kein Mann großer Worte, der seine Kraft aus einer unantastbaren Ruhe bezieht, war ein robuster und gewitzter Mephisto, der auch charmant werden konnte. Die Zusammenarbeit mit ihm habe ich sehr geschätzt.

Thomas ist heute, wie man weiß, ein vielseitiger Film- und Fernseh-Schauspieler von großer Art.

Petäjävesi

Im Sommer 1996, sozusagen zwischen Maria Stuart und Baal, war es, dass ich mit Lore Brunner Finnland bereiste. Dabei zeigte uns mein Freund Toni Edelmann einen magischen Ort, in der seenreichen Landschaft Mittelfinnlands gelegen. Dort, in der kleinen Gemeinde Petäjävesi, findet man ein Kleinod, eine wunderschöne Holzkirche aus dem 18. Jahrhundert. Der kunstvolle Bau wurde von Handwerkern des Ortes zwischen 1763 und 1764 errichtet, entgegen dem Verbot durch die schwedische Besatzungsmacht. Die Kirche ist so kunstvoll gebaut, dass die UNESCO sie in die Liste des Weltkulturerbes aufnahm.

Als ich mit Lore über den anliegenden Friedhof mit seinen bemoosten Grabsteinen ging, sagte sie plötzlich: »Hier würde ich gern begraben sein.«

Zehn Jahre später, Lore war bereits gestorben, besuchte ich den Ort wieder und erinnerte mich ihrer Worte. Ich hielt mich längere Zeit in der Kirche auf und schaute in das Gesicht des in Holz geschnittenen und bunt bemalten Christophorus, des Schutzbefohlenen des Hauses. Dieser Christophorus schaut so fröhlich und gelassen daher, ganz anders, als ich ihn von Abbildungen kannte, wo er mit Rauschebart und knorzigem Wanderstab das Jesuskind durch die Fluten trägt. Ich führte mit dem Fröhlichen, dem Gelassenen ein Gespräch, und er brachte mich auf eine Idee, die ich sofort meinem Freund Toni mitteilte. Ich werde einen Text schreiben, in dem Christophorus meine Lore durch alle gefährlichen Fluten von ihrer Heimat Kärnten bis hierher zum Friedhof von Petäjävesi trägt. Zu dem Text solle er, so schlug ich ihm vor, eine Musik komponieren. Ich bat Ilari, Tonis Sohn, zu erkunden, ob es möglich sei, den Ort zu Wasser zu erreichen. Und tatsächlich, Ilari fertigte mir eine große Zeichnung an, und ich sah, über die Gurk, Drau und die Donau, durch die Ostsee, über finnische Seen und Kanäle war die Reise möglich. So entstand die »Christophorus-Kantate«.

2007 und im folgenden Jahr konnte die Kantate in der Holzkirche zu Petäjävesi aufgeführt werden. Louise Frost, Regisseurin aus Berlin, inszenierte das Werk mit Chor, Orchester und der vorzüglichen Schauspielerin und Sängerin Eija Ahvo. Das Publikum war erstaunt und gerührt, und auch der hölzerne Christophorus lächelte gelassen.

*

Louise Frost wuchs im Berliner Bezirk Prenzlauer Berg auf. Die Mutter war Lehrerin, der Vater Foto-Journalist. Sie studierte an der renommierten Hochschule für Musik »Hanns Eisler« in Berlin Opernregie und inszenierte anschließend an verschiedenen Theatern im In- und Ausland. Wir begegneten uns an einem Sommertag in einem Gartenlokal, lernten uns schnell lieben und heirateten. Louise wurde meine wichtigste Beraterin und Mitarbeiterin.

Der Meister des No

Das Berliner Ensemble gastierte in Tokio mit Brechts »Der aufhaltsame Aufstieg des Arturo Ui«. Ich war für den erkrankten Volker Spengler eingesprungen und spielte den Roma, die Göring-Figur.

Ich suchte Kontakt zu Hideo Kanze, den ich seit unserer Zusammenarbeit in den sechziger Jahren nicht mehr gesehen hatte. Und tatsächlich, es gelang mir, ihn zu treffen. Er war bei bester Gesundheit und spielte auch noch im Nō-Theater. Wir fanden einen Dolmetscher, und so erfuhr er nach den vielen Jahren, von welcher Art die politischen Probleme waren, die damals unsere Produktion »Sieben gegen Theben« am Berliner Ensemble unterbrachen.

An einem der nächsten Tage suchte mich die Leiterin des Theaters Cai auf. Sie bot mir an, im darauffolgenden Jahr eine Inszenierung in ihrem Theater zu machen. Wir verabredeten eine Produktion von Brechts »Schweyk im Zweiten Weltkrieg« für das Jahr 2004. Das Stück liebte ich besonders wegen der wunderbaren Lieder, die Hanns Eisler komponiert hatte.

Ich konnte Eisler zu Beginn meiner Zeit am Berliner Ensemble kennenlernen. Mein Freund Matthias war mit Michèle verheiratet, die Steffy Eisler mit in die Ehe gebracht hatte. So lud Eisler mich und meine Frau Bärbel mehrmals zu Kaffee und Kuchen in sein Haus, das unweit unserer Pankower Wohnung gelegen war. Ich junger Bursche bewunderte die konsequente politische Haltung Eislers und sein enormes Wissen in Literatur und natürlich auch in Musik. Einmal, Eisler war auch Fußball-Fan, nahm er mich mit in seinen Schlafraum, wo ein kleiner Fernsehapparat stand. Es gab ein Länderspiel der Nationalmannschaft der DDR, und selbstverständlich wurde Eislers Nationalhymne gespielt. Die Kamera schwenkte über das Orchester und die Musiker hatten kleine Gabeln mit den Noten auf den Blasinstrumenten. Da regte Eisler sich maßlos auf, dass die Musiker die paar Noten, wie er sagte, nicht auswendig spielen konnten. »Ja, so sind sie«, sagte er. »Karge, nehmen Sie sich vor den Musikern in Acht.«

Zurück nach Tokio. Die Lieder im »Schweyk« machten den japanischen Schauspielern ersichtlich Freude. Und die Aufführung fand ein so interessiertes Publikum, dass mich das Theater einlud, im Jahr darauf zu einer weiteren Produktion nach Tokio zu kommen.

Diesmal gelang es mir, Hideo Kanze für eine Mitarbeit zu gewinnen. Wir machten »Die Schlacht« von Heiner Müller. Kanze spielte mehrere Rollen, und wir profitierten von Techniken, die er vom No einbrachte.

Für die kommende Zeit hatte ich locker eine weitere gemeinsame Arbeit verabredet. Dazu kam es leider nicht mehr. Kanze wurde im Mai 2007 in einen schweren Unfall verwickelt, als er mit dem Auto auf dem Chuo Expressway in Tokio gegen einen Betonpfeiler geschleudert wurde. Bei diesem Unfall kam seine engste Vertraute und Mitarbeiterin ums Leben. Einen Monat später erlag Kanze einem Krebsleiden.

Ich war letztlich froh, dass es mir vergönnt war, Kanze noch in einer Rolle im Nō-Theater erlebt zu haben. Diese ungeheure Konzentration, diese unglaublichen Momente der Stille, diese umfangreiche Stimmgewalt, diese Artistik in den Bewegungen und im Tanz! Ein Erlebnis von ganz großer Art.

Ich sehe nicht, dass du lügst

Der Ruhm der Riesenstadt New York war verschollen und die Geschäfte des Fleischkönigs Pierpont Mauler in Chicago liefen schlecht. Da erhielt er einen Brief seiner Berater, in dem sie schrieben, wie er sich in dieser Krise verhalten solle, um seine Konkurrenten abzuschütteln.

Claus Peymann inszeniert Brechts »Die heilige Johanna der Schlachthöfe«. Ich spiele den Mauler, eine Rolle, die ich mir immer gewünscht hatte, zählt sie doch in ihrer Ambivalenz zu den interessantesten bei Brecht.

Wir probieren die kleine erste Szene des Stücks, Mauler legt seinen Konkurrenten aufs Kreuz. Nachdem wir die Szene durchgespielt hatten, sagt Claus: »Manfred, ich sehe nicht, dass der Mauler lügt.« Ich: »Muss man das sehen?« Er: »Aber ja.« Also, noch mal. Wir spielen. Claus: »Ich sehe es immer noch nicht.« Ich: »Aber, Claus, ich denke, der Mauler hat die Praktiken des Konkurrenzkampfs so verinnerlicht, sie sind ihm quasi zur zweiten Natur geworden.« Claus: »Ja, aber man muss sehen, dass er lügt.« Ich: »Meinst du?« Claus: »Ja.« Also noch mal. Wir spielen wieder. Claus empfiehlt eine kleine Pause. Danach spielen wir die Szene sicher noch vier, fünf Mal. Immer das gleiche Resultat. Meinem Partner wird höchste Geduld abverlangt. Ich spiele das Lügen, dass sich die Balken biegen. Dann tritt eine unheimliche Stille ein. Claus schaut lange unbeweglich vor sich hin. Wir da oben treten von einem Fuß auf den anderen. Nach einer Pause, die mir unendlich erschien, sagt Claus: »Also, Manfred – entweder, ich kann mich dir nicht verständlich machen – oder – ich kann Brecht nicht inszenieren.«

Wir spielen die Szene noch einmal. Claus sagt: »Gutgut.« Ich frage nach: »Gutgut oder gut?« Keine Antwort, die Probe wird beendet.

Noch heute klingt mir dieses »Ich sehe nicht, dass du lügst« in den Ohren. Und noch heute weiß ich nicht, ob man sah, dass der Mauler lügt oder nicht.

Claus Peymann, der Vulkan von einem Regisseur, der nicht nur im Ausbruch, sondern auch in der angespannten Stille seine Absichten verwirklichen konnte, leitete das Haus viele Jahre. Als er die Leitung niederlegte, verließ auch ich das Berliner Ensemble.

In den letzten vier, fünf Spielzeiten hatte ich mit meinem Freund, dem Dramaturgen Hermann Wündrich, eine monatliche Lesereihe mit bekannten und weniger bekannten Theaterstücken von DDR-Autoren organisiert. Wir zeigten an signifikanten Beispielen, mit welchen Kämpfen Autoren und Theater sich gegen die kulturpolitischen Angriffe zur Wehr setzten. Die Erfahrungen verarbeiteten wir später in einem Buch mit dem Titel »Erstürmt die Höhen der Kultur«.

Das Buch unternimmt eine Wanderung über die Schlachtfelder der heiß umkämpften Theaterlandschaft DDR. Vierzig Theaterjahre haben unglaubliche Geschichten hervorgebracht. Sie handeln von Verhinderungen, Verboten und Demütigungen, aber ebenso von der List und der Hartnäckigkeit der Autoren, Regisseure und Intendanten. Das Buch erzählt von tragischen, komischen und abenteuerlichen Vorfällen. Trotz aller Widrigkeiten entstanden erstaunliche und außergewöhnliche Theaterstücke. Einigen droht heute das Vergessen, andere zählen inzwischen zur Weltliteratur oder sind nach wie vor aktuell.

Ihr habt keine Wahl, also wählt!

Ein junger Dresdener namens Volker Braun ging, nachdem er sich vergeblich für ein Studium beworben hatte, als Tiefbauarbeiter in das Gaskombinat »Schwarze Pumpe«. Die Erfahrungen aus dieser Zeit, es waren die Jahre 1958/59, verarbeitete er in seinen ersten literarischen Versuchen. Er schrieb ein Theaterstück und gab ihm den etwas vollmundigen Titel »Der totale Mensch«. Diesen Erstling legte er dem Theater am Schiffbauerdamm, dem Berliner Ensemble, vor. So gelangte es in Matthias und meine Hände. Wir, etwa gleichaltrig mit dem jungen Dichter, machten uns an eine Inszenierung. Wir rangen Braun, er war inzwischen Student der Philosophie in Leipzig, die eine oder andere Änderung ab, und das Stück hieß jetzt »Kipper Paul Bauch«. Da machte das 11. Plenum des ZK der SED dem Ganzen den Garaus. Die Partei verbot zahlreiche Filme, Bücher und Theaterstücke.

Über fünfzig Jahre später: Mein Freund Volker, inzwischen einer der sprachgewaltigsten Lyriker und Dramatiker im deutschen Raum, hat einen großflächigen Text vorgelegt. Darin beschreibt er, in hoher Sprache und Form, Ursachen und Auswirkungen der griechischen Finanzkrise von 2010, als »Erzwungenschaften« des vereinten Europas.

Eine Spielfassung, die ich zusammen mit Hermann Wündrich hergestellt hatte, brachte ich auf die Bühne des Berliner Ensembles. Eine kleine »Wiedergutmachung« für den nicht zustande gekommenen »Paul Bauch«.

*

»Regisseur Manfred Karge setzt aufs Wort. Die Bühne, eher ein Podest, die Zuschauer dicht davor, ist klein. Der Aufbau ist in unschuldiges Weiß gehüllt. Stühle darauf markieren Räume. Mehr Aufwand ist nicht. Was sich als klug erweist. Alles bleibt dezent. Keine Spielastik. Die Schauspieler geben ihr Bestes, mit Worten und in der Körpersprache. Da ist man als Zuschauer nicht nur ob der Nähe zum Geschehen sofort dicht dran – und nimmt jede Menge zum Nachdenken mit nach Hause, darüber, wie man sich selbst einbringen kann oder sollte ins politische Geschehen. Brauns Haltung ist eindeutig: ›Ihr habt keine Wahl, also wählt!‹«
Deutschlandfunk Kultur, Peter Claus

Endspiel – Der Dichter und die Frauen

»Er war der größte Dichter des 20. Jahrhunderts«, urteilte Literaturkritiker Marcel Reich-Ranicki über Bertolt Brecht. Einer der erfolgreichsten Schriftsteller ist er sowieso. Millionen verkaufter Bücher, gespielt auf den Bühnen in aller Welt, in viele Sprachen übersetzt – das spricht eine deutliche Sprache. Darüber gerät ins Vergessen, dass Brecht viele seiner Werke nicht allein schrieb. Er hatte Helfer, Mitarbeiter, Mitautoren, häufig waren es Frauen. Elisabeth Hauptmann, Ruth Berlau und Margarete Steffin sind die wichtigsten.

Kurz vor Toresschluss – die Ära Peymann und meine Arbeit am Berliner Ensemble endeten – konnte ich mir noch einen langgehegten Wunsch erfüllen, einen Abend unter dem Titel »Der Dichter und die Frauen. Eine Huldigung«. Es war mir ein Bedürfnis, etwas über den schwierigen Lebensweg und die Lebensleistung der Brecht-Mitarbeiterinnen zu erzählen. Alle drei waren selbst schriftstellerisch tätig und hatten, jede auf ihre Weise, ihren Anteil an Brechts Werk. Zwei von ihnen konnte ich noch persönlich kennenlernen.

Elisabeth Hauptmann war meine Fürsprecherin bei der Weigel und beriet Matthias und mich bei unseren frühen Arbeiten. Für den Fall, dass man Fragen an sie hatte, war es uns erlaubt, auch auf die Schnelle bei ihr anzuklopfen. Sie wohnte ganz in der Nähe des Theaters im Hugenotten-Viertel. Davon machten wir ab und an Gebrauch. Elisabeth war eine äußerst freundliche und hilfsbereite Person. Ein Tabu gab es bei unseren Gesprächen allerdings – kein Wort über Brecht, das über ihr Arbeitsverhältnis hinaus ging.

Ganz anders bei Ruth Berlau. Ich saß ab und zu in der Küche ihrer kleinen Wohnung am Karlsplatz. Sie sprach stundenlang über ihre Beziehung zu Brecht und ihre gemeinsame Arbeit. Sie war sehr impulsiv und nahm kein Blatt vor den Mund, wenn sie sich über ihre Enttäuschungen, die sie hinnehmen musste, beklagte. Verschiedene Vorkommnisse hatten sogar dazu geführt, dass sie ein Hausverbot für das Theater bekommen hatte.

Margarete Steffin kannte ich nur vom Hörensagen und durch das bemerkenswerte Buch »Grüß den Brecht. Das Leben der Margarete Steffin« von Hartmut Reiber. Sie starb bereits 1941 auf der Flucht vor den Nazis in einem Moskauer Krankenhaus.

Mit einer kleinen Gruppe vom Schauspielern, mit denen ich in den letzten Jahren viel gearbeitet hatte, versuchte ich, ein lebendiges, liebevolles Bild der Frauen zu zeichnen, die für Brecht so wichtig waren. Dabei wollten wir uns auf keinen Fall in die Reihe derjenigen einreihen, die sich über die Liebesbeziehungen dieser Frauen zu Brecht das Maul zerrissen. Wir benutzten Dokumente, Briefe von und an Brecht, Aussagen von Zeitzeugen und nicht zuletzt die literarischen Schriften der Frauen. Der Abend verstand sich dennoch als ein künstlerischer, nicht als ein dokumentarischer. Er war getragen von der Sympathie der Beteiligten dem Gegenstand gegenüber. Leicht und spielerisch kam er daher und zeigte die Wege und Wirkungen unserer »Heldinnen« in einem hellen, lebendigen Licht.

So wurde der Abend das, was sein Titel sagt, eine Huldigung. Eine liebevolle Huldigung dieser drei talentierten und bemerkenswerten Frauen.

TOTENTANZ IN THERESIENSTADT

»Ich widme dies meinem lieben Freund George Tabori«, schrieb ich unter die Texte, die ich unter dem Titel »Tanzcafé Theresienstadt. Eine Erinnerung« zusammengefasst hatte. Dies tat ich, da ich mir sicher war, dass George an der Art und Weise, wie ich an das Thema herangegangen war, Gefallen gefunden hätte.

Theresienstadt, diesen Ort des Schreckens, präsentierten die Nazis als Musterlager und gaukelten der Weltöffentlichkeit dort ein heiles Leben vor. Es war aber ein Ort des Grauens und der Umsteigebahnhof auf dem Weg in die Gaskammern von Auschwitz.

Trotzdem gab es ein kulturelles Leben. Jüdische Dichter, Musiker, Maler und Theaterleute entfalteten eine enorme Produktivität. In Liedern, Prosatexten und Dialogen erzähle ich vom Leben und Überleben in der Stadt, »die der Führer den Juden geschenkt hat«. Schicksale von Künstlern werden in dramatischen, zum Teil auch kuriosen, ja, sogar komischen Situationen berichtet. Im Mittelpunkt steht eine Kantate, die dem Ganzen den Namen gibt: »Tanzcafé Theresienstadt.« Diese Kantate, wie auch weitere Texte, vertonte mein Freund Hartmut Behrsing.

Zum ersten Mal stellten wir, die Gruppe »Der Kreis«, das Werk bei den Maifestspielen in Wiesbaden vor. Welch ein Kontrast zwischen den rauen Texten und der Pracht des opulenten, goldüberladenen Foyers des Opernhauses. Kaiser Wilhelm II. hatte den Bau des »Neuen königlichen Hoftheaters« initiiert, da er die Sommermonate gern mit seinem Hofstaat in Wiesbaden verbrachte.

Anlässlich des Jahrestages der »Kristallnacht« am 9. November 2023 hatten wir einen Auftritt im ehemaligen jüdischen Waisenhaus in Berlin. Der große Betsaal war überfüllt. Es war Zeit des Gaza-Kriegs, der seine Schatten bis nach Deutschland geworfen hatte. Das Überhandnehmen antisemitischer Übergriffe in der Stadt veranlasste den Veranstalter, vorsichtshalber einen Polizeischutz anzufordern. Wir spürten einmal mehr, wie wichtig es war, einen Abend wie den unsrigen, zu zeigen.

*

Totentanz

Und die Toten erwachen zu nächtlicher Stunde.
Sie schütteln die Glieder, sie recken die Köpfe.
Kühl ist die Luft heut. Es tanzen die Sterne
Am nächtlichen Himmel. Kein Schießen
und auch
Kein Kommando zu hören aus heiserer Kehle.
Sie kommen hervor, da ein Weib, da ein Mann,
Sie schütteln die Erde von ihren Kleidern,
Umarmen sich, küssen sich. Welch eine Freude!

Einer der Toten klatscht in die Hände.
Andere folgen. Es formt sich ein Rhythmus.
Eins, zwei, drei – eins, zwei, drei – schon ists
ein Tanz.
Sie drehen sich, schwenken sich bis
in den Morgen.

Käme zufällig vorüber
Einer in so einer Nacht,
Zweifelt er an seinen Sinnen.
Schwitzend, schwatzend feiert hier
Diese ausgelassene Schar
Ohne einen Tropfen Bier.
Nicht zu glauben, aber wahr!

Ach, welch kerniges Vergnügen!
Welch ein Tanzen! Welch ein Schieben!

Heidewitzka! Lernt man hier
Auch im Tod das Leben lieben.
Was die Welt nicht alles bietet,
Frieden hat die Welt erworben.
Wir sind nicht umsonst gestorben.

Ach, aber ach,
Was fliegt da heran mit nördlichen Winden.
Sie spitzen die Ohren. Es ist ihnen so
Als hörten sie etwas aus deutschen Landen.
Es stockt der Tanz.

Von wegen Gaskammern. Alles Lügen!
Alles Lügen! Der Lügenpresse
Und der Demokratie eins in die Fresse!
Deutschland erwache! Zurück ins Reich!
Und zwar gleich!

Sie wollens nicht glauben, doch hören
    sies deutlich.
Sie hörens mit Grauen. Zurück in die Gräber,
Die sich nun wieder mit Efeu umranken
Sie legen sich nieder mit schweren Gedanken.

Mein Vater oder Wenn ich doch ein Mörder wäre

Mein Vater wurde, wie vorn berichtet, kurz nach seiner Heimkehr aus dem Krieg im Juni 45 von den Russen verhaftet. Meine Mutter unternahm, was sie unternehmen konnte, um über den Verbleib meines Vaters etwas in Erfahrung zu bringen, aber alles blieb im Dunkel. Nur eines hatte sie erfahren: Die, ebenfalls vorn berichtete, Denunziation durch den Nachbarn und deren Folgen.

Erst nach einem halben Jahrhundert, meine Mutter lebte nicht mehr und auch der Staat DDR hatte aufgehört zu existieren, brachten Dokumente, die man der ehemals feindlichen Seite abgekauft hatte, Licht ins Dunkel. Mein Vater war in einem sogenannten Speziallager des NKWD inhaftiert, das in einer Wohnsiedlung in Ketschendorf bei Fürstenwalde errichtet worden war. Die Siedlung wurde durch eine drei Meter hohe Bretterwand mit Scheinwerfern und Wachturmen umsäumt. Hier wurden etwa 8000 Inhaftierte unter unsäglichen Bedingungen untergebracht. Zu den Internierten gehörten deutsche Zivilpersonen jeglichen Alters, ebenso Kriegsgefangene und Funktionäre des Nazi-Regimes. Alle waren ohne ein Urteil hier. Es gab keine Verhöre, also auch keine Möglichkeit einer Rechtfertigung. Es gab nur die Ödnis, den Hunger, die Kälte und das Schweigen. Man schlief in den kleinen Wohnungen auf dem Boden, vierzig Mann in einem Raum. Wenn einer sich umwendete, mussten es ihm alle gleichtun.

Als ich nach Jahrzehnten nun in dieser kleinen Wohnsiedlung vor einem der inzwischen wieder herausgeputzten Häuser stand, glaubte ich, meinen Vater auf der anderen Seite der Straße stehen zu sehen. Ein Gezeichneter, der nicht weiß, wie ihm geschieht, der sich Tag für Tag und Nacht für Nacht die Frage stellt: Warum bin ich hier. Er bekommt die Antwort nicht, er kann und er wird sie nie bekommen. Er wird sich dennoch die Frage immer wieder stellen, tagelang, wochenlang, monatelang, bis ihn der Tod am Tag des Winteranfangs des Jahres 1945 erlöste. Da steht er also, der zweiundvierzigjährige Familienvater, der keine Antwort auf seine Fragen erhält und der den verzweifelten Wunsch hegt, doch ein großer Verbrecher, ein Mörder zu sein, um so wenigstens einen Grund zu wissen, warum ihm das alles widerfährt. Da steht er also plötzlich wieder vor mir, und auch ich kann ihm nicht helfen.

*

Bei Bauarbeiten zur DDR-Zeit wurden massenhaft Gebeine gefunden. Das rief die Staatssicherheit auf den Plan, die den Fund als Überreste von Kriegshandlungen erklärte und bei Nacht und Nebel abtransportierte. Pfarrer Ernst Teichmann setzte sich dafür ein, dass die sterblichen Überreste zum Waldfriedhof Halbe überführt wurden, wo sie nach der Wiedervereinigung Namen erhielten. Auf einer der stählernen Tafeln steht auch der Name und das Todesdatum meines Vaters.

Personenregister

Bildnachweis: Nicht in allen Fällen konnten wir die Urheber der Fotos ermitteln. Berechtigte Honoraransprüche bleiben gewahrt.
David Baltzer, bildbuehne.de (XIV oben); Adelheid Beyer (VII unten); Donald Cooper/ Alamy Stock Photo (XI unten rechts); Thomas Eichhorn (VII oben, X, XI oben links, oben rechts, unten links, XIV unten); Beatrice Heyligers (IX); Akademie der der Künste, Berlin, Bertolt-Brecht-Archiv, Theaterdokumentation 614, Foto: Percy Pauktscha (III unten links); Akademie der Künste, Berlin, Archiv Berliner Ensemble, Historisches Fotoarchiv 62, Foto: Percy Pauktscha; Akademie der Künste, Berlin, Archiv Berliner Ensemble, Historisches Fotoarchiv 67, Foto: Percy Pauktscha (V oben links und rechts); Monika Rittershaus (XV); Akademie der Künste, Berlin, Bertolt-Brecht-Archiv, Fotoarchiv 67/006.16, Foto: Maria Steinfeldt (VI oben rechts); Antje Stötter (VIII unten); Vera Tenschert (II, IV); Akademie der Künste, Berlin, Bertolt-Brecht-Archiv, Fotoarchiv 29/141, Foto: Vera Tenschert (III oben); Vera Tenschert (V unten); Reinhard Werner, Österreichischer Bundestheaterverband (XIII oben); Archiv Manfred Karge

Neues Leben –
eine Marke der Eulenspiegel Verlagsgruppe Buchverlage GmbH

ISBN 978-3-355-01923-1

Umschlaggestaltung: Verlag, unter Verwendung eines Fotos von Angela Fensch

Druck und Bindung: buchdruckerei.de, Berlin

www.eulenspiegel.com